當最親的人成為傷痕

黃之盈——著

推薦序

別忘了與你的IP相遇

杜淑芬

做為一個人際歷程治療學派的諮商工作者與教學者，這本書的出版間接實現了我的一個願望，為此，我感謝之盈。

人際歷程治療學派（interpersonal process psychotherapy，以下簡稱IP）奠基於人際歷程理論，同時擷取其他關係取向各學派的精華，成為一個整合的治療取向。從民國八十八年國立師範大學教育心理與輔導學系的吳麗娟老師帶領我入門迄今，二十年來，我從一位學習者與諮商者，進而成為督導者和教學者，IP不僅擴展個人諮商與督導工作的廣度和深度，更在生活中幫助我成為一個更眞實的人，與家人和朋友發展出更接近我想要的關係。因此，我私心期待能將這個治療取向推廣出去，讓更多人因學習IP受惠，而之盈讓這個期望成眞！

我們常說「個性決定命運」，個性又是難以改變的。眞的是這樣嗎？人際歷程理論不認同這樣的想法。它相信所謂「個性」或「性格」是我們與他人長期互動的結果。例如在本書中的「常感羞愧的孩子」，他逃避的個性，其實是爲了因應讓他感到矛盾羞恥卻又無力而發展出來的人際因應模式。在這個家庭中，於早期發展出來的模式，讓他有效地度過孩提時代的焦慮與無助，但同時成爲「華麗的枷鎖」，每每遇到無法處理的人際困境，「淡出」「遁逃」就成爲自動化的人際因應策略。無論是利用轉換話題或是藉故遠離，他「現在」的淡出或遁逃使其無法與人建立眞誠的關係。

從人際歷程理論的角度，個體的忍讓、嗆辣或冷漠，都是因應與他人的互動，特別是早期與父母互動的需要而發展出來的有效因應模式。之盈在本書中，深刻地探究每個類型的主角，其人際因應模式的發展脈絡，懷抱著同理的筆觸，讓人進入主角的生活空間，理解個案爲了處理早期人際困境的衝突與焦慮，不得不發展出與環境妥協的策略。同時，也讓我們知道這個策略重複地被使用，即便對應的他人已然不同，熟悉的因應策略卻自動化地跑出來破壞現有的人際關係，特別是與新的重要他人的親密關係。

本學派認爲個體的特質、個性或人格是因應人際互動而發展，也相信調整人際因應模式就可以改變命運，轉變自身的人際困境。但要如何進行呢？所有的諮商學派都相信，覺察是一切改變的開始。人際歷程理論的學者也相信，改變的鑰匙在於覺察自身的人際因應模式！當個體能夠看見自己老是在同一個人際情境中受挫，那麼這樣的覺察就啟動了。如同之盈在自序中說：「自覺生命中不斷重複模式，改變就有可能發生。」是的，透過此書，如果你能夠看見生命中重要他人的故事，或是從這些案例中看見自身的故事，那麼我要恭喜你，覺察的列車已經啟動了。

之盈和我相識多年，接受我的團體督導，來我的課堂上課，在她生命經歷轉變之時，有機會和她在IP裡相遇。我知道之盈能寫，也欣賞她真實與真誠的表達，總是勇敢地向自身的未知探索，並運用所學幫助他人，這個相遇實在太美。曾經不經意地建議她用IP的概念來寫一點大眾諮商心理學的書籍，而她真是天生好手，生二寶的同時，這本書也誕生了！

閱讀這本書的歷程，我感受到之盈筆下每個主角生命的困境與韌性，之盈也針對其困境給予同理、支持賦能或提出人際修通的方向，我想讀者會從這些建議中看見超越自身困境的可能性。讀者們，願你們走進這本書時，也能與你的IP相遇，也祈願這個相遇，讓你的生命更加美好。我相信，隨著家庭成員的增加，之盈會累積更多複雜與深入的人際互動經驗，而這些生命中的親身體驗會豐富她的IP，激發出更多創作能量。讓我期待與祝福2.0版的之盈，爲我們帶來更新的作品！

（本文作者爲中原大學教育研究所諮商輔導組副教授）

推薦序

是誰讓傷害一再發生？你也有份！

陳志恆

這本書談的是各種人際關係中的困境，包括家庭、婚姻、愛情以及親子關係等，但與其他以改善溝通或解決困境爲導向的書籍大不相同，這本書帶你深度探索讓自己深陷人際困境的來源，覺察那一再重複發生的痛苦，其實與早期原生家庭的成長經驗息息相關；更重要的是，長大之後，是我們允許，甚至強化了那些困境繼續發生。

所以，我們總是一面抱怨，但又堅持不肯改變。

因爲，都是別人的錯！

曾經，我們都在成長過程中受過傷，也奮力掙扎求生過，但長大後，我們有責任爲自己活出新的人生，而不是繼續讓自己被囚禁在過往回憶中，甚至繼續扮演受害者的角色，也把其他人拉下水，一起演著沒完沒了的劇碼。

《當最親的人成為傷痕》是一本深度自我療癒的自助手冊，讓你透過覺察，自此脫離受害者的角色，開始眞正主導自己的人生。下一次，當你又再抱怨自己的人生不順、遇人不淑，是個老是被人欺負的可憐蟲時，請提醒自己：「我也有份！」沒有你的參與其中，這個壓迫戲碼是演不下去的。

談到這裡，我也要提醒，我們並不是要否定社會文化對人的影響，並不是要把一個人的持續痛苦，過度簡化地歸咎於個人是否願意覺察與改變。反而，這本書是要進一步地告訴讀者，我們每一個人的求生模式，會共構出這個社會的集體文化，包括各種角色期待與權力階層結構——「媳婦熬成婆」就是最常見的例子。

當有人站上權力的高位，肯定就有人處在被壓迫的狀態。而被壓迫者如何繼續生存呢？爲了獲得生存所需的資源，以及愛與肯定等心理滿足，他只能透過討好、迎合、抱怨或指責等手段，讓別人關注他；久了，也習慣了，認爲這一切都是合理的。而有一天，當他遇到願意善待他的人，反而不知所措；那些過去慣性又熟悉的求生手段，卻把願意珍惜他的人給推開了。

有一天，他或許也會成爲高位者，內心長期累積的諸多委屈與不滿，讓他也成了一個壓迫者，爲了保有處在高位的權力與地位，他甚至必須成爲那些他曾經抱怨與憎恨的人們。

我期待你能從這本書中看懂，我們每一個人的傷痛與求生手段，是如何共構出不友善的文化與環境，最終以教條或習俗的形式，讓一切都成了理所當然，箝制了每個人的言行。

看懂，就有機會改變；覺察，就有機會超越。沒有人應該是受害者，也沒有人需要當壓迫者。如果有的話，別忘了：「你也有份！」

我所認識的黃之盈諮商心理師，是個活潑熱情的助人者，她的文字卻是如此溫暖細膩，尤其是在描述家庭互動時，栩栩如生地呈現市井小民家庭裡的真實樣貌。讀了她的文字，你會覺得這些故事離你不遠，甚至正是在描繪你的處境，更切中要害地把你的心理狀態與內心的小劇場，赤裸裸地揭露了。

她的新作品，我期待已久，如今終於問世。強力推薦讀者細細品讀，開始讓人生變得不同。

（本文作者爲諮商心理師、作家）

各界推薦

不論你對現在的自己滿不滿意，其實這一切都是自己過往在原生家庭中，日積月累，慢慢形塑而來。越是親近的家人，越有可能帶來最深的傷痕。試著自我覺察，停止抱怨、放下怨懟，讓我們重新改寫自己所期待的未來。

——王意中心理治療所所長／王意中

人不是經歷過委屈和磨難，就一定會變堅強，很多時候我們是帶著傷痕累累的心，無意識地重複委屈的模式。要怎麼如之盈所說「讓過去經歷的每一滴眼淚都沒有白流」？這本書有最溫柔又實用的回答。

——作家／羽茜

這本書將成長期間的傷，一路帶來的生存法則以最生活化的方式書寫，不僅帶著一種對人的理解，還將人引導至正向的方法，讀來既貼近人心又有療癒。

——作家／李崇建

我們都渴望愛，也怕受傷害，這一切都與愛最早的源頭，也就是照顧你的人有關。根據依戀理論，當你有需求但照顧者無動於衷的時候，你可能會選擇哭得更厲害，緊緊抓住對方，直到他「理你」爲止；你也可能選擇不再信任別人、不再提出要求，因爲這樣就不會受傷、就不會失望。不管你是哪一種人，這都是過去對你的影響，我們不需要否認它的存在，也不需要再去責怪那些當年沒理解你的父母、家人，因爲從今天起，你可以成爲自己的照顧者。而之盈這本書，則是讓你練習接納過去陰影，繼續人生之旅的實用指南。一篇一篇像是故事一樣，陪你一起走過過往、現在、還有未來，那些愛與傷害的波浪。

——心理學作家／海苔熊

自覺「生命中不斷重複模式」，改變就有可能發生！

本書可以看到你我都不陌生的家庭人際關係、夫妻關係、親子關係劇情腳本，因爲在意彼此，愛錯了方式而留下傷痕。看見自己「生命中不斷重複模式」可以讓我們減少錯誤的互動、減少對彼此的傷害，而那個開始改變的人，是自己。

——諮商心理師／陳乃綾

本書寫實的案例，透過作者溫柔的筆觸，細膩地貼近了我們內心的生命議題。理解與療癒，不知不覺在閱讀中開始萌發。這不僅是一本好書，還是一份開啓自我探索之道的珍貴禮物。

——米露谷心理治療所心理師／陳品皓

「當最親的人成爲傷痕」是多麼令人揪心的一句話，卻也在我們的日常生活上演著。透過黃之盈心理師的文筆，我們可以在一個個的故事中找到自己，然後我們可以拾起勇氣，做出不同的選擇，讓最親的人成爲愛和力量。

——可能育學創辦人／趙介亭（綠豆粉圓爸）

榮格曾說：「你沒覺察到的，將成爲你的命運。」之盈的新書《當最親的人成爲傷痕》幫我們看見，那些自己還沒覺察，卻早已活得熟練的樣子。要走過傷痛、改變命運，先得認識自己。這本書是暖心的夥伴，也是明確的導引！

——諮商心理師／蔡明芳

人際關係好比跳舞，若你發現自己總用同樣的方式絆倒他人，或總被類似的人用相似的方法踩到，不妨跟著之盈的引導，透過書裡的案例與分析，一起檢視自己舞步的模樣。透過覺察，找回讓自己更自在的人際舞步。

——臨床心理師／蘇益賢

序

我們不要再拿過去的傷，繼續刺痛自己！

這本書最主要是想傳遞兩個訊息。第一，我們從小到大都有一套自己在家庭中的「生存之道」，這些生存之道都非常獨特，無論是防衛的、退縮的、討好的、順從的，或者反擊性強的，當它不斷被重複運用，就建立了我們在家中的角色和應對進退的模式。這套模式的存在價值極其重要，因爲它的存在不但維護了我們在家庭中的生存空間，甚至在那個時空中，對於不被理解的我們，同時有減壓和調節的效果，讓人不至於因爲挫折，就玻璃心碎。

我們透過這些人際的模式去預測關係危機和親疏遠近，從中定位自己和別人的關係，找到應對進退的相處之道，直到這套人際互動模式遇見了人生中新的危機，用到不再適用爲止。

好比對一個孩子來說，最重要的需求是感覺自己被愛、被肯定、被喜歡和被重視，假如他生長在一個無法給予支持和肯定的家庭，但他還是得奮力地活下去，那該怎麼辦？他依然會發展出「適應的方式」。更何況生長在父母不睦、手足競爭、同儕排擠、姻親耳語、不被重視，甚至受虐的家庭中，這些危機可能都是每一天的日常，不斷在我們的生命中發生，無論時程長短，我們總是一面奮力地活，一面找尋因應的辦法，但當時還稚嫩的自己仍然會感受到挫折！

第二，是關於長大後的我們，有機會覺察自己如何透過重複的人際模式，吸引別人這樣對你，讓你又落入小時候的困境裡面，拿過去的傷，持續刺痛著自己。

「抱怨」和「抱願」之間的理解

在心理諮商的場域，來晤談的人，大多都是帶著對現況不滿意、想改變別人，或是想解決人生階段性問題而來的。

剛開始可能是「我在家總被忽視」「我爸嫌我很多餘」「我媽對我弟很偏心」，這些抱怨將對象指向身邊的人，在不同的情境重複著，持續變形成「同學排擠我」「老師不公平」「老闆壓榨我」「我老公對我不好」「我小孩不聽話」這樣的「受害者」劇本，習慣後到了一個新的環境，便在不自覺中等著被對方壓榨、凌虐，而且還不知道該走。在現實和理想的落差上，擺不平心裡面的矛盾和衝擊，進而對別人也充滿埋怨。

但你仔細聽下去，就會發現他們一方面抱怨自己無法改變對方，另一方面又期望對方能讓自己演出受害者角色，當你問他：「這對你的影響是什麼？」他會說這對他生活造成全面性的負面影響，但你接著問：「你做了什麼，讓對方這樣對你呢？」對方卻啞然。

發現生命中不斷重複的模式，改變就有可能發生！

在書中，我將特別討論到人和人的互動是彼此吸引來的，也就是在我們抱怨的同時，我們要覺察自己正參與其中，是我們鍛鍊身邊的人這樣對待自己的。

因爲我們太依賴用經驗法則預測對方的反應，最後變成自己想像中的劇碼重複上演著，然後又再度演出不想要的角色！

所以，當你抱怨對方如何傷害你的同時，你也得面對，你是如何參與了這個傷害！如果年紀小的我們沒有機會逃出受傷的場景，那長大後的我們，還要繼續這樣下去嗎？

傷痛之所以有影響力，是你也給了它傷害你的權限

在書中有許多案例是忍讓壓抑型的人，在我們中華文化中，「溫良恭儉讓」一直是個傳統的美德，退居其次的老二哲學較可以明哲保身、受到景仰，以及被視爲「懂事」「通情達理」的象徵，但是在仁義的背後，我們也給了別人掌控和參與的權限，所以必會相互影響。而透過覺察，我們可以更了解自己「在人際互動中重複的模式及習慣性」。

不經覺察的負向人際關係，容易造就人不斷複製困境，吸引對方重複演出你生命中不願發生，卻一再重演的脆弱片刻。

不經覺察的愛情，就像是你把「避免人生再有遺憾」的願望交付給他，反過來他卻也成爲你的遺憾。

不經覺察的親情，則是你把「彌補人生缺憾」的機會給了他，反過來他也變成

你人生缺憾的一部分。

某些人際關係是我們吸引來的，而這些人生困境更是鬼打牆一般，當我們越是要求，就恰恰給了恐懼和不安一份重量。

然而「持續幻想父母是全知全能」更是其中一種。我們常歸咎自己的現況是過去父母造成的，但持續幻想父母是全知全能，將會削弱我們改變的力量，讓我們長大後變成一個渴求愛，得不到就怪東怪西的巨嬰，甚至變成另一個壓迫別人和心境不平衡的人。所以，當我們待在受害者的位置，持續怪罪於身邊的人，就是給「不安」一份力量，吸引他們繼續用加害者的角度對待自己，然後再次印證自己預先設想的「受害者人生版本」。

選擇療癒，在「當下」及時發現你內在的力量

精神科醫師威廉．葛拉瑟曾說：「沒有人可以讓你悽慘落魄，也沒有人可以讓你幸福快樂，這一切都是你的選擇。」本書中「給心情一個歇腳亭」的段落，正是帶你一起看見我們如何讓恐懼和幻想主導了自己的人生。而我們又如何在希望改變

的同時，卻又矛盾地阻止改變的發生？我們是如何蒙蔽自己的心智，合理化人生中遇到的挫折。

有些人的悲劇是自己造成的，在意念的投射中，原本不討厭我們的人，因為我們容易對他人起疑心，也變得討厭我們；原本相信我們的人，因為我們對關係的不安，變得對我們也小心翼翼。在這些人際關係的複雜變化中，我們別忘了自己也有份。在這本書中，我想和你們一起發掘自己的力量，當陷入不同的危機時，我們依然抱著盼望，沒有失去「想愛人的能力」和「被愛的渴望」。我們努力想與人連結，也想長出自我，因而發展出一套對應的模式。這套模式，或許曾經幫助我們度過人生許多難關，讓我們適應良好。但如果不知變通，就可能會吸引同樣的困境產生，在不因地制宜的情況下，這些僵化的模式，反倒阻礙了我們的發展。

最後，我們都得跟自己說一聲「謝謝」

別忘了，父母和我們都活在時代的變遷中，也因為要活著，我們會更加勇敢，從父母的不足中，發覺自己想改變的意願和心理空間，從覺察自己重複的模式中，重新決定是否要做出一樣的選擇。

當我們發覺人生重複的劇本和模式後，願意爲自己的那一部分負起責任。書中每個練習都隱含著對自己的巨大善意。包含：「我願意」「我感謝自己的看見」「我感謝老天爺給了我剛剛好的考驗」等，透過傷痛和困境的領悟，重獲人生的主導權。

我們永遠要記得，即便情況不變，我們依然有改變的選擇！當我們心底想好好珍惜自己的那一刻起，我們就選擇了給予自己一些允許、一些力量和加持，於是改變就在我們專注在自身時，悄悄地發生了！期盼你在書中的每個歇腳亭中，寫著自己故事的同時，可以決定「不要再把過去的傷，寫到未來的故事裡面」。然後，相信無論什麼時刻，你都可以與自己重修舊好！

我們得捧著這些脆弱，告訴自己：「這些是一部分的自己，也好好看！」此刻，沒有人拿得走你生命的能量，你只需要更新自己的生命經驗，儘管專注地去創造巨大的幸福就好。

因爲「只有你，是你自己最好的明天！」

目次

PART 1

——家庭人際篇

PART 2

夫妻關係篇

PART 3

親子關係篇

PART 1

家庭人際篇

1 為什麼我們總吸引到跋扈的人？

——討好的大嫂

「大嫂，難得一起出來玩，就不要包成這樣了吧！」

「喔喔！」她應了一聲，脫下帽子和大家一起頂著烈日，在名產街上買東西。

「媽，這個好吃，一定要買！這個也是！我包起來等等車上分。」小姑轉身跟婆婆開心地說著。

這是小姑對婆婆的撒嬌，也是她一直以來都很羨慕的母女親暱畫面。

每一次的家族旅遊中，她的小姑總是嘰哩呱啦地講個沒完，平常也是如此。在家族中，無論是家裡的日用品添購、水果採買、灑掃分配，乃至於所有團購項目都是她在張羅和分配。每個人除了倚賴她，也怕她，因爲一旦不按照她的意思、不接受她的好意，她就會在背後說你的不是！

而她進到這個家，早就偵測到這顆風向球，所以，她對小姑的態度都是直接妥協，凡事都由小姑說了算，也不假思索地百依百順。

婚前如此，當然婚後也是如此。生了孩子之後，她們之間的互動也沒有太多改變，直到孩子面臨要上哪間幼兒園、課後班補習等問題，她和先生討論後，先生又與婆婆和小姑商量，原本同意的事情，往往就在跟家人討論過後，態度丕變，例如「認爲這樣做很浪費錢」，想要她以最輕鬆節省的方式在家帶小孩就好。當她不死心，再度跟先生溝通時，先生居然覺得她「怎麼變得這麼有意見？」到此刻她才發現他們夫妻是無法自己做決定的，通常公公、婆婆、小姑都會有意見，同時，這些意見也會左右先生的想法，而她自己，在一貫的屈就和溫順之下，早就讓渡了母職和夫妻的決定權。

她嫁給了先生，卻也嫁給了一群會不斷干涉他們夫妻決定且很有意見的人。

她羨慕小姑可以無限上綱地在家裡掌權，也發現過去只要小姑出現，她所有的意見就會退卻，講好聽點是忍讓，講難聽點就是沒自己的想法。這樣被牽著鼻子走的心態，讓她感到矛盾和壓抑，卻也安全和熟悉。

過去在家庭中的角色，為她的現階段人生埋下伏筆

在家中，身爲老么的她，和哥哥是不同爸爸生的，媽媽常常跟她說：「哥哥很可憐，他沒有爸爸了，所以他要什麼，我們就給他。」「不要跟他計較。」「他已經沒有爸爸了，難道還有什麼比這個更慘的嗎？」所以小時候的她，對哥哥總是充滿憐憫。家人買的水果，都是哥哥愛吃的；親戚送的玩具，都是哥哥先挑，她也習慣當個無聲的女兒，不能有計較的聲音；才剛進入青少年時期的哥哥，就可以買名牌包、名品鞋，但她只被允許買菜市場零碼貨……媽媽對哥哥的好，建立在彌補遺憾的心態上，並要她接受和忍讓。她每一瞥見心中的不平衡，就要告訴自己：「哥哥很可憐，媽媽這麼做是出自於對哥哥的補償，只因爲他『沒有爸爸』，所以不要這麼計較。」

她明明知道哥哥對她的態度非常跋扈無理，在內心也常感到壓抑和失寵，但媽媽的話她全吞了進去，因爲她知道如果不照做，媽媽就會很難受且對她失望，而哥哥的處境和存在也會更落魄。「不管怎樣，我有爸媽，有什麼好跟他計較的呢？」對於壓榨她的人，她總是百依百順、想盡理由合理化，無視心中的不甘，甚至還

會對自己心有不甘的念頭有罪惡感。這樣的心境，直到和先生的溝通、孩子的教育及生活都不斷被干涉，才發現她的凡事讓渡，並不是高尚的美德，而是對母職身分的全面失守，更顯現她長期對強勢跋扈的人，沒有任何抵抗力！到頭來，兩面不是人，孩子怨她沒有主見、先生再也不介意她的觀點，她覺得懊惱，卻不曉得該怎麼扳回一城，小姑依然故我地插手家裡大小事，她感到生活被滲透和侵蝕，卻沒有反駁的餘力！

全面失守不是一朝一夕而致，是千朝萬夕累積而成

我們的日常組成了人生的風貌，在諮商中，我常常會和當事人一起討論她的生活樣貌，因爲「人生風貌的形成」跟「地表風貌的形成」很類似，每一個今天，組成了每一個明天。每一天都是由一時一刻的風吹、日晒、雨淋組合而成。所以在諮商中，我會跟來談者討論生活的重要細節，以及過去的經驗，例如：

「當妳的小姑在家中掌權時，妳的感受是什麼？」

「過去曾有過這種負面又熟悉的經驗嗎？」

「過去的經驗又是怎麼讓妳有凡事要退讓的信念呢？」

「當妳面對別人比妳堅持或強勢時，妳都怎麼辦？」

對一個人過去的生活細節多做採訪，這個人的生活樣態和人生角色就會立體起來。當她告訴你，她愛媽媽也愛哥哥，她給愛的方式就是「不爭」，當她不爭，哥哥就會在家中有某個權力位置；當她不爭，她就會被家人珍惜和顧慮；當她不爭，就可以幫助媽媽消彌對哥哥的罪惡感；當她不爭，爸爸反而會給她更多寄望和資源，你就會發現她從「讓渡主權」之中去「要到更多」，化明為暗地去爭取和父母的親近，這是一種人際的交換，也是她人生中的決定。

當用這個理解去看「不爭」的信念，眼前這個人的故事就變得豐富了起來，「不爭」這個想法，是她的生存之道，而且原生家庭也默許她這麼做，檯面上的她看似柔弱、沒主見，但這卻是她在這個家庭生存下來的最佳策略！

人際歷程理論取向關注：「過去的生存策略是沒有問題的，這也許也是他當時存活下來的重要決定和最大資產，但問題是在目前的生活處境下並不適用，正因為不適用才出問題，所以需要改變策略。」

人際歷程治療學派也主張每個人都是健康的人，只是換了環境，不懂得變換策略，所以卡住了。過去的人際策略是怎麼起作用的，現在都不再適用。過去的美德，到了現在可能就會變成一把殘酷的利刃，讓人在此時、此刻、此地受困。

美國心理學家哈里・斯塔克・沙利文認爲我們在童年時期，透過日復一日且一再重複的親子互動，發展出一個人的人格和自我系統，在引發焦慮的親子互動中，養成個人的人格樣態，建構人與人的關係。她的討好和壓抑行爲，在童年被父母默許且維持著，而她也從中維護了對家人之愛，但是，在現階段顯然不太適用，因爲討好和壓抑讓她失去更多對生活的主導權，也失去先生和孩子的信心，她的生活遇到新的情境是「被過度介入」，而她如果再不出意見，生活就會持續被支配，也有可能失去家人之愛。

給心情一個歇腳亭

閱讀至此，我們一起停下來，閉上眼睛想一想：

1. 你在家裡是排行第幾呢？

2.家人給予你怎樣的期待？

3.家裡最常出現的氣氛是什麼呢？

為什麼要做這些回想呢？因為一個人的幼年期，就是在家庭裡面度過，無論你的家庭有多少成員、是不是親生的，是否為長輩親友帶大或是在育幼院裡長大，每一天、每一刻被對待的方式和回應世界的方式，交織出一首又一首的樂曲！如果你的人生是一首交響樂曲，你會為這個樂章下怎樣的主題？會在哪裡畫上休止符？會怎麼命名這整首曲子呢？

生命的起伏就如同曲目的高潮迭起，有起有落，過去的一切都為了現在扎根，現在的困境雖是刺眼的陽光，但也帶領你往更高的領悟裡去，閉上眼睛，感受此時此刻即將要蛻變的自己，困境將帶領我們領略更高的悟性！

在長大的過程中，我們不必質疑過去活過的路，因為過去可以留守也可以被經過，現在我們盡力去看懂新的地圖，學會使用新的抵達工具就好。如此一來，你會發現，自己時時刻刻都活得很好！

2 為什麼我們總是當阿信？

——吃力不討好的職員

琳娜是公司的行銷部經理，在職場上見到比她資深的上級，常常容易緊張，做事變得小心翼翼、亦步亦趨，她用這樣的態度面對上一個長官，備受肯定和重用，認爲她很懂事、謹愼，常將重要的任務交給她。

但是，面對新任總監，卻總被嫌棄不夠有創意、跟不上年輕人的腳步、無法靈活變通……這些評價讓她很不知所措，不曉得自己做錯了什麼，越這樣想，越在每一次的會議報告上感到焦慮，她聚焦在每一個人的眼光，深怕自己表現不好。

現在的工作職務要她從一位唯命是從的乖小孩，搖身一變成一位犀利工作人！

琳娜發現自己不只面對長官，只要是比她年長的長輩，都會出現同樣的心境，她無法分辨合理的要求和不合理的要求，更做不到不要這麼小心翼翼地揣摩上意，因爲她從小就被灌輸「合理的要求是訓練，不合理的要求是磨練」這個觀念，她習慣磨練和訓練，但不習慣聽自己內心的聲音。

也因此，面對挑剔和刁鑽的長官通常都是別人的罩門，但對這種人她倒是可以打理得很妥貼，因爲她總是這樣想的：

「這位長官應該是爲我好，才想給我點工作挑戰吧！」

「他應該是用他的層級和高度，教導並訓練我能像他一樣有相同的視野吧！」

「他也很辛苦，所以我不要製造他的困擾。」

她很能認同這些要求並搞定它們，從中找到自己的價值和成就感。

自討苦吃是生存策略，也是習慣

這種根深柢固的教條，讓她在人生中一直循著「乖小孩的版本」，「找大人」來要求她。琳娜在職場中習慣「找權威來要求自己」的模式，就像從各種人際關係中找「父母」。

別人看她是自討苦吃，但她卻從中找依靠和自我的價值，她離不開挑剔刁鑽的老闆，尤其是情緒化又常會跟她曉以大義的這類型，只有她吃得開也承受得住！

殊不知，現在換上新世代風格的老闆，卻講求創新、獨立思考、主動提案、給新點子、要她發表自己的想法和意見，這些不適應，就像一個常倚賴大人的孩子突然要靠自己的雙腳走出家門去打拚，頓失方向和依靠。

她從小生長在父母都嚴厲的家庭，如果她有情感上的需求，爸媽不但不會理會，還會讓她自己哭，哭完還得自己收拾好心情，否則後果更慘。

所以她只能靠無止盡的順從和察言觀色，保持在家中的地位，她害怕爭執、害怕被討厭、害怕得不到關注。所以，只要弟妹惹爸媽不開心，她就會要弟妹去求爸媽原諒，或者從中協調和溝通，這些都是她擅長的事。所以在家裡面她早就決定要「把自己的想法消音」。

這個生存策略在家裡成功奏效，也因爲早早就以「失聲」來換取「父母的愛」，她總被說是最體貼和懂事的小孩，「屛除自己的聲音」可以讓她獲得關愛。

因為害怕失去關係，所以我們選擇將自己纏足

也因此，她的世界沒有底線，更沒有界線，當別人對她予取予求時，她第一個想法就是——「如果我不照辦，我就會失去這段關係」。

這樣的想法讓她更焦慮，所以在人際關係中一定要找一個權威，矛盾的是，雖然她不滿權威，卻需要權威；她害怕上司無上限地增加工作量，卻更焦慮要沒方向感的她獨立思考。長期以來乖巧的她，獲得「順從聽話」的讚賞的心更勝於「因爲有想法而被賞識」的求勝心，因此，換了自主性高的主管，她就變得無所適從！

諮商心理學門中理情治療法的創始者阿爾伯特・艾利斯認爲人之所以會出現失常的行爲，有兩種牢不可破的信念最爲常見：

第一：我必須要隨時隨地都被生命中重要的人喜愛和讚賞，才有價值。

第二：我必須要很有能力，我得在任何情境中，都能展現能力，這樣才能證明我是重要且對別人有影響力的人！

這兩種信念讓我們在早年適應環境時，做出相對較好的表現，而且常常以別人爲主的思考方式，也會被社會文化讚譽爲貼心、乖巧、懂事和圓融，被身邊重要的

人讚賞，就能獲得許多好處和照顧，這些過度想要獲得肯定的需求，讓人在孩童時期，沒有學習怎麼表達自己眞正的感受和想法。

也因爲太容易吸收身邊的人的期望，感到焦慮和無所適從，當他們越焦慮，就做出更多討好的行爲和善意的體貼，以便稀釋這份焦慮，但其實我們都沒有發現，他們認爲的貼心和犧牲，其實背後都有巨大的不滿和憤怒。

順服別人以便取悅他者的人

其實，我們在過度犧牲自己的背後都有許多原因，例如：期待關係和諧、獲得良好的評價、不被視爲奇怪、被讚賞體貼爲人想、盡量避免衝突等，這些需求並非壞事，但若一個人過度追求順從和討好，就容易忽視自己內心眞正的聲音，對於自己的需求感到鄙視和羞愧，這些代價就是，如果事與願違，這群採取僵化地順從和取悅的人，就會更加討好，而討好的結果若又跟自己預期的背道而馳，怨念就會產生。

「他們怎麼都不知道我的苦心呢？」

「我已經被予取予求成這樣了，他們還要我怎樣？」

「難道他們都沒發現，每一次的幕後功臣都是我嗎？」

「每次都是我在委屈、犧牲，怎麼都不爲我想想？」

「我已經按照你說的去做了，怎麼還不滿意？」

這些過度順服他人的人不敢發脾氣，因爲如果生氣了，就與「要討人喜歡」的需求相違背了，而他們往往也天眞地以爲，總有一天別人會爲自己想，所以他們只敢挨著身子，再跟對方苦苦哀求一次，用討好示弱的方式，試著讓對方稍有自覺。假如他們懂得生氣，這種局勢才有機會扭轉，例如：

「他怎麼可以這樣對我，太不公平了！」

「他怎麼可以無視於我的奉獻？」

「總要換人委屈一下，每次都是我，也太沒良心了吧？」

「每次都照你說的做，這次總該聽我的吧？」

可惜，事與願違的是，他們很難發現自己有怒氣，而在好人包袱之下，更難有立場去跟對方討公平，如果他們懂得面對自己內心的怒氣，就不會繼續每一段僵化的討對價的關係。

因爲，在委曲求全的處境下，關係早已不對等，唯有正視自己的怒氣，才會發現其實我們不一定只有一套乖巧可人的方法，才會獲得關注和重視，反倒是面對心裡各個角落的陰暗面，才能更能接納自己並平衡喜歡別人也喜歡自己！

給心情一個歇腳亭

緩衝一下，給自己一點時間想想看，當你與其他人意見相左的時候，你最擔心對方的什麼反應？例如：尷尬、生氣、難過、失望、猶豫還是其他？請列舉出所有你預期的狀況。

當我和他人意見相左時，我最擔心對方＿＿＿＿＿＿。

你預期的狀況，曾經發生過嗎？

當時的情況如何呢？是你的因素，還是對方的因素呢？

我們每個人面對意見相左時，其實內心都有不為人知的聲音，例如：「**這個**

人怎麼這麼難相處？」「他為什麼這樣想？」「居然有人會這樣講話！」等等。

我們都得練習正視這個「倏忽即逝的內心話」，因為這些內心話也許在提醒我們，你心中也有不同意、不滿、介意或不想理會等各種心情，唯有正視這些聲音，你才能慢慢接觸內心真正的想法，而那些可能遭拒、遭排斥、遭討厭的人際預期，在正視心裡的聲音時，並不一定會成真。那些情況只是在提醒你，也許有這種可能，然而在你去表達怒氣或不滿之前，我們的心可以聆聽不同的聲音，而它們都是允許存在的。

「練習正視這些內心話」，會發現自己有多元的面向，順從乖巧版本的你會知道自己還有其他可以更新的版本。

人有陰暗面也有光明面，懂得你擁有這兩面，就會活得更有魅力、更像自己！

離開憂傷被動的階梯，除了黑白灰之外，你還有彩虹的七彩。

3 為什麼我們總害怕被關注？
——常感羞愧的孩子

打從心底，他很怕別人會發現他是一個怪胎。

在公司，他常常害怕被其他人注意到，當他被長官關注或指責，就會全身很緊繃，可是他得將這樣的緊繃心情隱藏地非常好，因爲他內心有個恐懼：「我只有兩種選擇——要不就當個正常人，否則會被當成瘋子。」

「被視爲瘋子」是他心裡揮之不去的夢魘。

「他爸爸拿菜刀在路上砍人耶！」「他爸像瘋子一樣耶！」「你知道他可能也會發瘋嗎？」「離他遠一點喔！」

這些標籤，曾經讓他連走在路上沒有被關注都很有壓力，他變得疑神疑鬼，常覺得有張無形的網從四面八方罩住他，而他從來沒有感覺到有逃出去的一天。他害怕自己只要一有情緒，情況就會變糟，越是這樣想，內心就越感到灼熱，熱到就像要瘋掉一樣。

所以他不准自己有情緒。當情緒產生起伏時，就會覺得自己是個無可救藥的怪胎，會跟他的家人一樣瘋掉，他不想跟家人劃上等號，因爲家人是他隱藏不住的羞恥原罪。

只要一有情緒就會被歸類成不理性的人類，讓他對自己感到陌生，但是只要情緒一上來，他就顯得害怕又無助。

「瘋子的小孩！」

「那家人被詛咒了！」

「爲什麼不一起關進瘋人院？」

從小因爲爸爸的躁鬱症發作，讓他常半夜帶著媽媽離家住飯店。鄰居也很了解這家男主人的情緒不穩定，出事的話，要不圍觀看熱鬧，要不鳥獸散求自保。

小學到青春時期，他晚上得打理好媽媽，早上又若無其事到學校上學，有時候還要擺平這些有形無形的謾罵，回到家又被找麻煩……

「給我過來！你是啞巴嗎？看到拎爸是不會叫喔？」爸爸大聲斥責躡手躡腳進

家門的他。他瞥了爸爸一眼，心裡滿是厭惡，低著頭準備上樓。「喔！」他努力擠出這聲，想說應付一下爸爸，以免被找更多碴。這是他的底線，因爲他連硬塞一個回應都感到勉強，實在是太不想跟爸爸有任何關連。

本來，爸爸只會在家發瘋，亂揍牆壁、拿東西起來摔，媽媽就把他關在房間裡，要他別出來。直到有次因爲媽媽去買麵晚點回來，爸爸心裡生疑，大吼大叫更在房間動粗，他連夜帶媽媽逃下樓去，當天夜裡爸爸在社區裡拿刀亂晃找人，這件事情造成鄰里的恐慌和議論紛紛。後來，鄰居能搬家則搬家，不能搬家的就盡可能對他們家敬而遠之，還有人找黑道來潑漆表達不滿。他早就受夠這種被排拒的感覺，卻也無能爲力，這種路人都排拒的氛圍讓爸爸情緒更不穩定。某一次，爸爸又拿著板手大力敲壞他的房門鎖頭，衝進房間就是一陣暴打，他不甘示弱地還手，和爸爸扭打成一團，那一次打個頭破血流，雙雙送急診。這在他們家只是小菜一碟，只要爸爸情緒失控，媽媽就變成人肉沙包，最後爸爸會氣急敗壞地離家，丟下受傷的妻兒，草草收拾這不歡而散，隔天還得一起回家、一起吃飯，全家人還得在惶恐中裝得若無其事，避免再起紛爭。

「再怎樣，他就是你爸！」

「媽媽不跟他計較，因爲我只想要你能有一個完整的家啊……」

「我們不要惹他，多忍忍就過去了……」

對他來說，爸爸不只是他心裡面不可以碰的禁忌，更是種恥辱。

「和這種人是家人，應該也很可恥吧！」

他常感到羞愧，也常預期會被拒絕，在一個非常有感的家庭，他對任何事情都只想無感，能閃則閃，能逃避就逃避！他不需要他人的憐憫、更不需要過多的關注，能靠自己就靠自己，畢竟在這個世界上，傷痕累累的都是他，但他又不是肇事者，卻似乎背上了整個家庭沉重的原罪！

常常淡出的孩子，有著緊縮又羞愧的內心

對於家中有情緒狀況的大人，孩子們常是完全吸收和感到羞愧的，一開始孩子會以爲「我做錯了什麼，讓大人不開心了……」接著，他會發現無論他選擇討好或不犯錯，情緒化的大人依然會有人生各種難解的議題，他們會漸漸發現無法改變事實的無力感；接下來，他會知道自己無法處理這些狀況，但也騎虎難下，這樣的

孩子在各個時期，內心都是充滿羞愧感的，「是我不好」「我的狀態不好」「我的家人不好」「我的家人和我都不好」「我想好但好不起來」這種內心充滿羞愧的孩子，內在常常是緊縮的狀態，常敏感於「我是不是有哪裡不好」。

這樣的情況影響他們對於開放自己讓別人理解的信任度，畢竟「別人怎麼看」這件事在早年確實對他們造成壓力甚至是壓迫，要把自己開放給別人了解，實在太難，但要以一己之力理解所見所聞，似乎又沉重和難以解釋，所以他們在某種程度上逃避環境，也逃避自己。

有些人逃避的方式是變得不可理喻，表現出對什麼都不在乎，不把別人放在眼裡，好讓別人不要關注自己；某些人採取內疚和罪惡感，常常表現出小憂鬱，怪罪自己或退縮無助，就不容易讓別人發現自己也有過多反應；有些人則是想躲起來，最好是淡出別人的人生，採取不做不錯的淡出策略，這種神經質的反應都在防衛和武裝，因爲很怕被別人發現自己不好。

人際策略是我們的保命符

上述這些防衛，你是否感到很熟悉呢？其實這些人際反應，不一定都是病態的，就是因爲人有防衛機制，某種程度有了這一層心理防護網，讓人不至於遇到壓力情境就被擊潰，這樣的生存機制，保存人的自我價値感。

不過如果過度使用或僵化，沒有因爲不同階段而變通，就容易卡住！如果依照人際取向學者荷妮指出，人在壓力情境，容易採取三種因應策略：

一、**採取順服取悅策略的人：**這樣的人其實不常感覺到自己有什麼不悅、不滿，更不覺得自己是被別人驅使，或者是常常「敏感於別人反應」的奴役，他們往往採取討好的方式對身邊的人，把別人的需求擺在自己面前，把自己縮得小小的，並認爲無私和犧牲是愛的表現，對他們來說，不覺得犧牲和委屈，但往往在不被珍視的時候，感到不公平。這種「以他人爲主」的美德，在華人社會容易被不斷增強，讓人變得過度在意別人的想法，用獲得讚賞的需求包裝住「一直感到自己不夠好」的焦慮。

二、**採取對抗攻擊策略的人：**這樣的人常覺得自己是英雄主義者，替別人發聲，幫別人對抗不敢對抗的權威角色，爲別人站出來。他們經常用生氣制住別人，常在爭輸贏和指責別人之間獲得一種優越感，並且認爲自己很知道問題在哪裡，足夠資格藐視和看不起那些能力弱或者不講道理的人，對他們來說，在人際關係中不願意居弱勢，他們的生存策略告訴他們「會吵的小孩有糖吃」，對於反抗的小孩，大人就會睜一隻眼閉一隻眼，所以他們看不見自己也有自我中心、不通情理和過度苛責的態度，他們會以反對的方式掩蓋自己「人都會脆弱」的焦慮。

三、**採取遠離迴避策略的人**：這類型的人，常會以一種超脫的態度面對人生，「不接觸、不參與、不落人口實」，以不變應萬變是最好的因應策略。他們不接觸自己的情緒、不參與他人過多的人生，以便逃避可能會受傷的風險，這些超脫世俗的態度，讓他們保有一個心理空間，不過度涉入人際間可能會彼此攻訐、討厭、嫌惡或厭煩的負面心情，也不因別人欣賞、喜歡、崇拜或分享而有過多反應，畢竟，「擔心被人發現原來他們也是凡人，也有七情六慾或心情起伏的焦慮」將他們安全隔絕在一個與自己保持距離，對別人也保持距離的超然空間，他們沒有發現生活其實是狹隘和逃避的。因爲，與其狹隘、不被關注、遠離和封閉，都比去外面冒險，撞得頭破血流來得聰明！

而每個人使用這些策略的頻率和搭配方式，又會依據情境和對象，有所不同。

給心情一個歇腳亭

我們每個人，都會因人、因時、因地不同，而活用善用這三種人際策略，這些策略保護我們擁有一些心理空間、保有美德、擁有保護自己的能力！但在被僵化的使用之下，就可能變得不可理喻，失去其他可能性！例如一個長期順從討好的人，因為某些不對等，要她變得很有意見，而她因此感到有罪惡感，那就已經失去某種彈性了！要一個長期迴避他人的人，突然顧慮起他人感受，在某些場合展現順服取悅的樣子，讓他覺得困難，那這人也失去彈性了！所以我們得找到自己常用的模式，並且在日常生活中觀察，就有機會提醒自己，其實你是有多元面貌的。

拿你的每個樣子出來晒一晒，你會發現，每一個你，都好好看！

4 為什麼父母的征戰要拉小孩出征？

——永遠感到自己很多餘的強勢女

「你給我過來，講什麼屁話啊？」

「我先道歉好不好，只要妳開心什麼都好！」男友示弱著，語氣略帶不甘心。

「少在那邊敷衍我，我告訴你，你要是敢離開我，我就要你好看！」和另一半吵架時，她總是要爭到贏，假裝自己強勢就不會受傷。

伴侶看不穿的是，她在親密關係中常常感到非常焦慮。因為，從小在家中沒有一席之地的她，只要爸媽吵架，都會被牽扯進去，好像一生下來就得處理他們的衝突，爸媽吵架的開頭或結尾總會扯上她，她得讓自己強壯起來才不會受他們影響。所以小時候，她對於爸媽的婚姻關係常常感到莫名其妙。

從小到大，她沒有家的感覺，即便成年了，有過幾段戀情卻不敢成家，因為她來自夫妻不睦、風雨飄搖的家庭，她常看見媽媽在暗夜裡偷哭，爸爸則是常不回家，一回家他們又輪番爭吵，她困惑著這兩人和童話故事說的都不一樣，也疑惑著怎麼世界上會有這麼不情願的「坐牢式婚姻」！

眼見同年紀的同學們，回憶起童年的畫面是旋轉木馬和溜滑梯，她的童年卻是躲在巷道小天地，這個夾在兩棟樓房中間的防火巷，她聽得見爸媽的爭吵聲但不會立刻被波及。

這也是她的小窩，遮蔽住大人們尖酸言詞的槍林彈雨。

無愛也無性的父母

她覺得自己不像是爸媽親生的，反倒很像是被領養的孩子。

從頭到尾爸媽都表示是在不情願的狀況下生下她，等她懂事一點了，幾次的父母爭執之下她終於得到答案。

媽媽在婚前沒多久就被爸爸發現她和青梅竹馬外遇，當時長輩勸他們婚禮在即不要變動，並且要他們「沒感情的話，生個孩子就有感情了」。爸爸吞下這口氣，娶了媽媽卻導致無性婚姻，當時公婆家想著，雖然無法盡到做太太的義務，但傳宗接代還是必須要做的，所以就逼著兩個年輕人做試管，最後反而讓他們更加痛苦。

她獲得解答的時候反倒是鬆一口氣，原來她只是培養皿裡面的胚胎，爲了符合長輩的期望，被做出來進貢給一對無性也無愛的夫妻。她有時候會覺得自己怎麼這麼悲哀，但獲得答案也是一種解脫，至少能解釋爲什麼父母對她沒有感情。

總覺得自己很多餘

她總覺得自己在這個世界上很多餘，但也得強勢起來以免被欺負，所以她常對身邊的人發脾氣，一方面她想要絕對性地占上風，一方面也吸引對方對她大吼大叫，以便她更證明自己來這人間走一遭是多麼無奈和不情願。

她不想和爸媽一樣虛假，假意成爲夫妻、在外人面前假裝沒事，更爲了獲得長輩滿意的笑容，不斷要求她。她想破壞掉這些好，好讓所有人唾棄她、不要來煩她，盡可能地遠離她就好。她想拆穿父母「名義上拿滿分，事實上卻給她一個無愛的家庭」的假象。

她想讓父母也了解，這一次父母交出的成績單是人命關天和個人幸福，不是考試成績。從她在子宮著床的那一刻起，他們雖然給她生命，卻給她一個不安的子宮，傳遞來的全是媽媽的懊悔、情緒化和夫妻不斷爭執的大發雷霆鬧脾氣，接收到的是隨時傳來被剷除的訊息。

原本只是想像一般人一樣感受到父母的愛，可是她打從心底覺得自己不配擁有。

我們從小怎麼被對待，造就我們怎麼預期別人

我們在小時候都相信爸媽無所不能，儘管青少年時期和成年後，都曾經質疑過他們，但最終都還是希望「在他們眼裡的我們是很好的」，希望自己是被預期的孩子，希望父母是無所不能的，成為孩子最堅實的避風港。

但事實是，大多時候「父母其實也是孩子」，有些父母只是先來到世上修習功課的兄弟姐妹，他們也有自己的問題，當問題難解時，脫困的方式就容易在下意識利用孩子來替他們完成。

很多父母待在自己的傷痛中，連愛自己都困難，常常要說服自己「我是爸媽」才有辦法去給孩子愛和溫暖，但因爲他們的匱乏，所以會不由自主地一邊想給愛，一邊把孩子當作滿足他們願望的對象，將那些難受的心境，投注在孩子身上，讓他們分擔。甚至當孩子比他們幸福的時候，還會覺得「你怎麼可以這麼不在乎？」「你怎麼可以這麼狀況外？」「你怎麼還可以這麼開心？」帶著「明的我沒名目可以跟你爭，可是暗鬥總可以讓你理解我有多受苦吧！」的心態，暗中跟孩子較勁，甚至剝奪孩子情感的需求。

心理學家莫瑞・鮑文則指出，當孩子變成獨立的個體時，情感缺失的父母直覺就想把孩子拉回情感糾葛不完的情境，若孩子沒上鉤，父母還是會拉他進入漩渦，上演這齣劇碼。所以有時候孩子要回到健康的狀態，得等到成年或離巢階段，才能眞正看清楚這些互動。

尤其這類被忽視的孩子，容易發展出無所適從的人際關係，對他來說「每份關係都是不確定的」，而這種患得患失的人際預期，會變成不安全感的來源。有些孩子親近你的方式是對你好，有些是惹你生氣，每個人建立關係的方式，來自早年我們與主要照顧者的互動。

案例中這種「我罵你，你給我回來」「我討厭你，但你不能不愛我」「我嫌棄你，但你不能走」用「反向和矛盾」的方式親近對方，讓對方丈二金剛摸不著頭緒，正是她對人際預期的害怕和恐懼所帶來的人際行爲模式。

讓人主觀認為留不住好東西的流沙式心理狀態

然而，「孩子都需要父母」這點是無庸置疑的，可是父母不見得會善待孩子，尤其在無愛的婚姻中，夫妻在建立關係的本質上都渴求被照顧，可是在無愛無性的基礎下，雙方感到飢渴卻都無法獲得滿足，於是對孩子投注更多的掌控，看似緊密的關係，卻無法親密，多的是控制和威脅並投到孩子身上，讓他們也扭曲地長大。

這類型的孩子雖然需要愛，但他拒絕自己，也拒絕別人，因爲他從根本就覺得自己「不值得一段穩定的愛」，即便已獲得一段穩定依附的愛情，當中的許多質疑和控訴，都需要長期修復和保證。

因爲長期感到羞愧和被拒絕的個人，比較容易在選擇伴侶之後，努力去愛對方，但又覺得自己不夠好；「擔心自己不夠好」被發現，所以就做出一些吸引「被對方拒絕」的行爲。這類型的人有著拒絕自己也拒絕別人的習慣，讓他不斷驗證「自己不好」「不值得擁有」「不能確保永久的幸福」。

他們非常沒有安全感，常有「我拒絕你，如果你不會因此拒絕我，才代表你對我眞的很好」的想法。因爲打從心底覺得自己不值得，所以他們使用「欲拒還迎」的迂迴方式來討愛，討到之後又矛盾地覺得自己「留不住這些好東西」，等到對方被拒絕到受不了，進而反彈的時候他們又再次證明「我不值得擁有」「我不配」。所以他們雖然傾向選擇那些對他很好很好的人愛，卻在交往過程中，不斷引發對方的挫折反應，考驗對方的耐性，讓人感到極端反感後，又一再驗證「自己不夠好」。

在他的情感或者依附關係遭到挫折時，就再次印證他的人生苦情劇——「被羞辱或被無視也是正常」這類的人生結論，這都是我們在避免焦慮或者痛苦時，用這樣的人生結論合理化和安慰自己，以避免被這類型的焦慮擊垮，也因爲他長期難以取悅父母，所以在取悅他人失敗後，常會掉到「誰想浪費時間理我這種人」「他們根本不需要我，我永遠是格格不入」「我很怪異，跟他們不是同類，但不能被發現，被發現我一定會被排斥」類似這樣哀莫大於心死的心境。

給心情一個歇腳亭

親愛的，你的存在早就說明了愛，當你感到沒有歸屬感、沒有安全感、不值得被愛、被珍惜的時候，或者被人不滿意的時候，記得，將你的左手舉起，握住你的右肩，將你的右手舉起，握住你的左肩，雙手在胸前呈現交叉的姿態，窩在一個安靜的地方，給自己一個溫暖的擁抱，感受一下雙手環抱的溫度，每一吋肌膚的貼近和每個細胞都被愛著、呵護著，你不會離開你自己，世界上唯一不會丟棄你的，就是你自己，可別因為恐懼，連自己都背離了。請你感受一下，再多停留一下，你的體溫是實在的，你的笑容是能遮出溫暖的，你的沮喪是具感染力的，你的悲傷是真實的，你的快樂是不具理由就存在的。

當你脆弱到感覺全世界要崩塌的時候，記得你手裡握緊的臂膀是真的，活著不是種僥倖，是種注定。當我們藉著父母的血脈，來到這個世上，借了一身脆弱的骨頭，即是要修「愛」這一門功課，我們可都別當人生的逃兵。

現下，向你的生命送出一個愉快的邀請，就讓我們一起喜、一起怒、一起哀、一起樂，在人世間，承接每個相像的脆弱，不相像的經驗，再苦再樂都休戚與共！

過了自己的這一關，冥冥之中必然會得到大大的祝福。

5 為什麼人要選擇欺騙？
——不斷造假的女人

「我先生和我吵架，我們最近在談分居……」

「我父母雙亡，幸好婆婆對我很好，可是她罹癌，我得每天去醫院照顧她。」

「小孩最近送急診，可是先生卻絲毫不在意，但我發現他跟前女友在來往。」

「我先生是獨子，他媽媽很喜歡我，但他就是不承認和我的關係，一直不登記還常跟我吵架。」

「我在苗栗人生地不熟，加上住處附近沒有銀行，信託解約沒辦法去辦。」

「我家有嗷嗷待哺的小嬰兒，不方便出門，現在精神壓力很大。」

這些都是她的謊言，她可以藉由團購、跟團、帶孩子上街買東西，跟不熟的人要到通訊軟體，再慢慢行使詐騙的行爲。

她的外觀乾淨貌美，著裝得宜整齊，一開始妳還會覺得她懷孕自己在家帶孩子很厲害，直到加了好友，她會先關心妳的生活，接著不定期地開始慢慢向妳傾訴，勾起妳的同情心，對她的不測遭遇感到心疼。

苦水的內容十之八九都滿無解的：婆婆罹癌、小孩發高燒住院吊點滴、與先生感情不睦、生活陷入困難、一個人精神壓力大，先生是獨子有情緒問題，她精神壓力大時想過要跳樓、網銀鎖住卡片不能領錢、阿公沒錢買塔位、外幣美金信託被解約、奶奶住安養院要繳費以維持呼吸、銀行帳戶被凍結，手頭沒有急用金等，逼得附近同樣是自己帶孩子的全職媽媽，都得嶄露同情心，否則就是個無良婦女。

誘發對方內心的罪惡感來憐憫自己

她不停地化名，不斷在各個城市間移動、租屋，更用詐騙的方式逼妳轉帳後，再用別人的帳戶轉部分帳項還款給妳，搞到最後妳也變成一名詐欺犯，讓該人的帳戶也無辜被凍結，但身爲始作俑者的她卻不曾感受到罪惡感。

她把每個月詐騙到的錢當成是自己的月薪，只要一年騙超過十五個人，還可以給自己兩個月的年終獎金加績效獎金，這樣食髓知味的作法，不曾失敗過，甚至還有「盈餘」可供她付房租養小孩！

「如果一個人的人生早已毀壞了，那還有什麼罪惡感可言？」沒有人知道她的眞實姓名是什麼，在網路的世界，她換過無數多個ＩＤ名稱：芒果媽媽、漂釀恬恬媽、玲玲愛媽媽等，結尾一定會有個媽字，好代表她目前的身分是「在家顧孩子走不開，身爲伸手牌，老公卻常無視她」的家庭主婦，因爲只有媽媽會同情另一位媽媽，在她家門口擺著積著一層厚厚的灰塵的彌月蛋糕禮盒，放著嬰兒哭聲和成堆的垃圾，找她網購的人不由得相信她是個剛生產完，且無助的產婦。網路的世界眞眞假假，她倒是把同情心濫用得徹底。

她從年輕時就是個詐騙車手，有個她非常鄙視的伸手牌媽媽和早就和她們脫離關係的爸爸。她之所以會說自己父母雙亡，是因爲這其實是她心底的願望和詛咒，她早就對爸媽感到徹底失望。她厭惡被指使和被依賴的日子。從小就是小大人的她，非常了解媽媽情緒勒索的手段，她也很習慣媽媽常常說的那些話：「妳以後要拿什麼來回報我？」「我以後都要靠妳了，妳沒有理由推託。」每次媽媽和男友吵架，就會找她哭訴一整夜，依偎在她懷裡尋求溫暖，並問她：「妳覺得我該怎麼辦？」「我應該怎麼做？」「女兒啊，媽媽好無助。」「我拿那個男人沒轍，明天妳不要去上課，陪媽媽好不好？」她的懷裡總是媽媽和酒瓶，有時候還有滿身的嘔吐物，她覺得上課被耽擱沒關係，只要媽媽的狀況能好一點就好，但媽媽卻始終沒有眞的好起來的那天。

重複過去最不堪的人生角色

「白等了」變成她人生的主軸。

她曾經掏心掏肺地爲媽媽赴湯蹈火，只可惜，媽媽的命運並沒有因爲她而扭轉。她看開了，想要開展自己的人生時，遇到一名她覺得可以倚賴的男人，他自年輕就在外面闖蕩，承接家裡的生意，但在檯面下其實就是一個在黑道混的男人，需要靠做一些「生意」才能有金源。她一腳踏入這攤泥濘，也沒想過要翻身，只要能養活自己、有金錢收入，詐騙也只是一種手段罷了，她可是有付出氣力的，那些被騙的人可是一個願打一個願挨啊。

毫無罪惡感的她，毫不猶豫地踏上這條不歸路，用她從小到大看見媽媽誘導他人可憐她們的手段，以哀兵政策，努力地誘使他人借錢給她，一次次騙取同是身為媽媽的女性金錢，並且不斷搬家變換身分。

她最唾棄伸手牌的媽媽，但她卻也成為擅長欺騙、謊言不斷的伸手牌！

存在你心裡的人際關係劇情

你最無法認同的，最終都會回到你身上。而我們從小被對待的方式，也會變成自己人際上最熟悉的劇碼。

在你的人生中，最唾棄什麼樣的行為？依賴、軟弱、無助、吃軟飯、逞強，還是口無遮攔？這些我們所不允許的部分，都變成心裡面的地下室，也就是我們的陰影。

在人際歷程中，我們把自己不允許成為的部分，堆到地下室中，卻在別人身上撞見那個部分。因為這是一體兩面的，在人際關係中，我們會抱著心裡面的劇情腳本，讓別人來配合演出，例如，你常常是拯救者的角色，那對應關係中，一定會有人被救；如果你常常是依賴者的角色，一定會有對象讓你依賴；你常常能偵測到別人的需求，變成小偵查員，那一定有對象讓你時時刻刻偵查著需求所在。

在人際關係中，我們會吸引到不同的對象，好讓我們心裡面的劇本成眞，以便讓角色生命延續下去，而這些角色的來源，都是小時候我們習以爲常、賴以維生的角色。

賴以為生的角色主宰了我們

我們人生中選擇的每個角色，都有來由和故事。

像是「有能力的人」是怎麼進到你的生命中的？「可以擺爛的無賴」又是在何時進到你的生命中的？這些角色都有他在你人生中的意義、定位和價値，也幫助你存活下來，這些賴以爲生、習以爲常就變成妳人生角色的一部分，有些人習慣勤奮、有些人習慣細心、有些人習慣怨天尤人，這些對自己的認同，認爲「這樣就是我」的狀況，就是特質化。

你會發現，特質化是根據互動出來的，像是「你比……細心」「你比……勤奮」「你比……怨天尤人」等。從另外一個角度來說，這樣「特質化」的前提就是因爲許多人際互動的預期促成的，例如：你知道示弱一定會得到好處和憐憫，那你就不會放掉這個有利的人際互動，而這種善用無助，以獲取自己所想要的人，更常使用情緒性的手段，透過許多人際互動，獲得利益也獲得他人的憐憫和同情。

故事中的女主角，本來覺得自己深受媽媽的情感剝奪和母女角色錯置的苦，讓她很痛苦且感到不齒，但依據她的生存法則和人生事件，卻又讓她產生「如果好好善用這個無助，那麼我就不會再受到她的困擾，也就超越我的人生困境了！」的這種錯覺，讓她有種掌控感，所以她展現出沒有能力、希望被指導、希望被幫助，運用歇斯底里、胡亂哭泣、揚言要自殘的手段，讓對方在道德上感到過意不去，於是幫助她。

她會吸引到一群也對她的一切過分投入的拯救者，一來她可以操弄依賴者的角色，也可以吸引拯救者來幫助她，讓她感覺人生就此升級，不用再被玩弄。

這種「玩弄與被玩弄」的關係，就像我們說的「一個巴掌拍不響」「一個願打一個願挨」的狀態，會被吸引來照顧她、借錢給她、被她予取予求的人，就是過去的她，而她在企圖跨越自己人生困境的同時，用了讓自己不齒的手段，其實也是將自己推入無賴軟爛的火坑！

這種早年遭到父母無視、濫用，在情感上呈現被遺棄狀態的孩子，需要學會更積極地擺脫在「拯救者」與「求助者」之間擺盪。成年的我們其實有更多的籌碼和選擇，而正是這些籌碼和選擇，才能讓我們成爲眞正有能力的人，而不是不斷與過去過意不去，唯有「對於拯救者的誘因慢慢減敏」，弱化「求助者」的敏感神經，才能慢慢跳脫出自己的人生版本，走一條眞正屬於自我抉擇的人生道路。

給心情一個歇腳亭

找尋你的黑暗面

在你的人生中，對什麼樣的人感到厭惡呢？

□依賴的人

□受害者

□搞笑的人

□無賴的人

□好心的人

□吹牛的人

□搞破壞的人

□愛自誇的人

□自以為是的人

□完美的人

□浮誇的人

□________

□________

□________

我們內心深處，對這些人「有感」都是有它的原因和脈絡的，而我們討厭它也必定會引發起一些情緒，這些情緒沒有好壞，但我們可以藉此覺察一下，對你來說，這些人如何影響了你的人生？如何讓你成為現在這樣的人？如何讓你做出不同的人生決定？

覺察過後就會發現，你之所以會成為現在的你，也基於這些經歷，為了不讓自己的人生被玩、被操弄，我們就需要了解這當中的人際拋接練習，才能活出自己喜歡的人生版本，更可以擴大到更多、更喜歡的選擇。

多年以後你會發現，看見自己還無法原諒過往，你不會因此變壞，只有跳脫不出舊版本的人生抉擇，才會讓人生變糟！

6 為什麼我們總無法與長輩好好溝通？

——用無聲換取和平的兒子

「媽媽，我跟妳說，小孩現在要開始訓練他自己大小便，要這樣弄……」

「好啦！好啦！」他的媽媽一邊逗小孩，一邊幫小孩卸下尿布。

「要循序漸進啦，不是褲子脫掉直接弄，吼～我跟妳說……」立威看到他媽媽直接幫小寶拉下褲子，趕緊示意停止。

「哎呀，你只會說不會弄啦！去旁邊！」他媽媽直接揮手示意要立威離開。

「吼，不是啦，妳這樣會讓他害怕，妳要漸進式……」但是立威持續阻擋在他們之間。

這下她也急了！「我也這樣把你拉拔長大，不會害他的啦！」

「妳就很粗魯啊，妳直接脫，讓他很沒面子欸，我不要小孩這樣啦！」

「你不就這樣長大了嗎！難不成我讓你很沒面子？」

「噢妳不懂！不是這樣啦！」他們在拉拉扯扯之間，小孩光著下半身眼巴巴地看著兩個大人的口水戰。最後立威一邊把小孩搶過來，一邊蹦出這句：「跟妳說啦，我就是這樣長大才變成一個沒自信的人啊！妳要我小孩也因爲這樣，對什麼事都沒信心，感到自己很丟臉喔？」

「欸，你話給我講清楚喔，什麼叫做你很丟臉，不要什麼都牽扯到老母身上，我告訴你，小時候我幫你把屎把尿，沒有功勞也有苦勞，藉口這麼多！」

他嘆了一口氣，已經想結束這一回合的溝通。

想結束溝通其實不是爲了自己，是因爲知道他這樣講，媽媽已經感到受傷了，他不想因爲溝通孩子的事情，讓媽媽傷心，同時也自責沒有更好的語言、更貼近的字眼，去溝通「他想要孩子漸進式的戒尿布」這點小事。

他和媽媽常常這樣，尤其透過養兒育女的生活點滴，從中瞥見自己過往是如何長大，如何一步步變成現在的自己，他發現自己的無能，也知道媽媽的防衛，其實是難過的表現，每一次話到嘴邊就又縮回去，不想把事情過度解讀，可是，這樣還有機會溝通嗎？

從小他在家裡就是個很配合的小孩，因爲他知道媽媽強勢，爸爸也強勢，兩個人「你不讓我，我不讓你」的意氣之爭已經夠多了，如果再添一樁，豈不一直在鬧家庭革命？對他來說，可以幫助家裡氣氛和諧的方式就是「保持安靜」，當個無聲的透明人。

只是，現在面對孩子的教養，他不想再讓步，這也讓媽媽覺得他結了婚個性就變了，一定是被老婆帶壞的。

內心擺不平的人，往往把別人甩得更遠

在諮商的現場中常見到這類「匱乏型的父母」，這些父母常常在下意識中感到被威脅或不滿，於是會採取先發制人的攻勢，說出惡毒的話、發洩似地處處挑剔，無視孩子的不滿和不舒服。

這類型父母常有被剝奪感，也常感到受害或受制於人，他們沒辦法擺平內心這種匱乏的感覺，更沒辦法面對這些不舒服，於是就將這些壞感受拋諸在外，看誰去承接，演出需要他們配合演出的角色。

在這個家庭最需要的是「配合和聽話的孩子」，而案例中的男主角，正是這樣的角色，所以他可能會獲得最多的期望和關注，這是一種人際「交換」。他們一邊交換，一邊不解彼此的眞心，看似安靜的孩子，其實內心有許多不平，無法消化，而氣勢比較強的父母，更無法消化自己的不滿心情，於是雙方好像理解彼此，卻也都在累積情緒。

不屬於孩子的人生投射

這樣的情況以克萊恩的學說，稱之爲「投射性認同」，在我們抱怨外在的人事物時，其實我們也選擇性地在吸引不好的人事物發生，而對方如果也擔起這樣的角色，抱怨就會成眞。這種吸引力法則也可以在嬰兒的自我中心想法中被看見：「嬰兒將自己內在無法承受的部分，投射到所幻想的外在客體上，然後再內化它。」這樣的過程一旦成立，媽媽就會更覺得自己受兒子誤解，兒子也覺得自己傷了媽媽，於是雙方如果沒有覺察自己正在對應對方投射出來的人生怨言，就會持續上演「迫害者」與「被害者」的角色。

你也參與其中的人際交換過程

他的人生經驗讓我想起過去在大專院校接案的故事。有一位優秀的大學生，他在人際上遇到很大的困境，談得深入一點，不外乎就是覺得自己很重視別人，但別人完全不重視他，讓他常覺得真心換絕情，但其實在憤怒之餘，他從來沒機會跟別人表達自己的感受，他的包袱很重、顧慮很多、常把別人的需求擺在自己的需求前面。

到頭來因為和女友分手，他覺得自己對女朋友這麼好，卻還是被擺了一道，終於受不了了，才來諮商。諮商後他發覺自己在人際關係中，常常有一樣的問題——「大家怎麼都不為他想、不重視他、不覺得他有需要？」這樣的心態久了之後，他變成「過度付出的阿信」，不然就是「渴求無上限的巨嬰」，他在兩個極端切換且擺盪著，覺得自己很矛盾又奇怪。

正因為這樣的人際模式，讓別人對他的所思所想丈二金剛摸不著頭緒，更覺得他「太情緒化」「太難相處」「太容易變來變去、患得患失」，這些評價他統統不同意，甚至覺得有失公允。最後，演變成他覺得自己在人際之間常常被當成分母，或者是一個被利用完就丟的棋子，更覺得反正其他人認爲他很凱，那就乾脆把自己糟蹋個夠！

而他是怎麼吸引別人這樣對他的呢？他常常說「是」「好」「沒問題」，每個答應他人要求的回應，都會獲得「乖」的獎勵和關注，這樣短暫的關注，並不會餵飽他，倏忽即逝的眼光，讓他感到患得患失！如此一來，他越焦慮人際上的不足，就會越用力去討好，在用錯方法的情況下，就吸引到更多人來糟蹋他。

在你抱怨社會亂象層出不窮，美德不再的同時，是否也招惹別人濫用人際關係，變成是你不愛惜自己的羽毛了呢？

我們得了解每段人際關係互動的選擇，自己也有份。孩子在過去敢怒不敢言的狀況中，一定曾獲得不被怒氣波及以及不被更多曉以大義的道德綁架的好處，這些都是他選擇的，也是他允許對方這樣對待、預期自己的。

雖然他們獲得一些解脫，卻也無法學會自體消化一些不舒服的感受，包含對人生的不滿意，一旦受害和被剝奪的感受湧上心頭，就容易酸言酸語、挑三揀四、試著平衡內心被剝奪的感受，更無視別人的眼光和需求。畢竟，一個內心窮困的人，眼紅於別人富有是人之常情，所以，他們期望子女，卻也忌妒子女。「我已經對你很好」的言語無所不在，但撤回關愛的舉止更是訴諸於言行。

給心情一個歇腳亭

我們在和孩子相處的時光中，得先面對自己內心的各種糾結，再決定要不要對孩子訴諸不滿和抱怨，如此一來才有機會不複製人生的各種糾葛場景，反倒給人生一次更新的可能。

同時，我們得記得自己也是個寶貝，也得肯定自己「過去所經歷的每一滴眼淚都沒有白流，每一個過程都沒有白過」，透過傷痕累累的過程，長出更茁壯的厚繭，在繭中羽化而重生！

那些傷害雖然都往心裡去了，但經過時間的醞釀，依舊可以化出美好的句子。

7 為什麼總是覺得天有不測風雲？

——逃避衝突的資深白領

強納是資深人事主管，在事業上很有成就，婚姻更是令人稱羨，身為主管的他，包辦的不只有人事業務，還有公司的單身者聯誼活動。

「你又拿公司的資源在自肥了？」同事常這樣虧他。

的確，當時單身的他，也同在聯誼的行列中，幽默風趣的性格，一下子就獲得女性友人的青睞，他後來的老婆也是位工作能力很強的外商公司總監。

對他來說，雖然老婆的職位高過他很多，但兩人的感情並沒有因此生疏，他的柔軟身段、熱烈主攻，常讓老婆很有優越感，兩人也就迅速完成結婚生子等人生大事，可是就在孩子三歲左右，他的職務內容有了令他意想不到的變化。

近幾年公司因業績下滑，常要做人事調度或離職的洽談，讓他在工作上不再像過去一樣游刃有餘，反倒是備感壓力。喜歡融洽氣氛的強納得板起面孔做出將員工調離的工作，這和他過去的習慣和形象大不相同，他突然發現這帶來了巨大的壓力，從小被父母頤指氣使的他，早就決定要成爲一位遠離衝突的人，然而現在的工作卻常常要他面對人事調度的尷尬場面。

當他要處理公司員工面對離職或調職的失望心情時，內心就會有強大的罪惡感，雖說他是因爲公司，不得不執行這項任務的，但是，要承受同事的情緒、一來一往地談論離職價碼等，對他來說卻是一件件讓他內心非常煎熬的工作，就像和自己的家人切割關係般痛苦。

其實，也會有離職員工在他身上轉嫁莫須有的控訴和情緒化的對待，長期善於討好的他，都得承受巨大的壓力。

「我該怎麼辦才好呢？」

在這樣的轉折中，他依然假裝沒事，不希望將公司的壓力帶回家，卻也下意識地因爲自己的煩惱而疏忽了家庭。某天回家，他看到兒子完全不理睬他，講話也講不聽，強納突然想起離職員工那副不甘心的臉孔，他覺得深深被誤解和無法做自己，雙重壓力之下，從那天起，他常對兒子動怒，但在大吼大叫之後又後悔不已。

太太面對他陰陽怪氣的脾氣，終於也按捺不住，把對他的不滿一股腦兒說出口。但這個衝突又讓他不但無法面對自己心中的壓力，更被太太視爲無能，他自以爲的體貼和討好，瞬間崩毀，面對多重壓力和太太的指責，讓他很煎熬。

人生階段所面臨的各種不適應

一個健康的人會擁有許多不同的面向，因此我們會因人、因事、因地而展現出不同的樣貌，這是很自然且健康的。

但若我們將一些過去的「應該要怎樣」變成我們的習慣，不管環境適不適用，那就只能算是一種防衛。人懂得防衛是一件很重要的事，畢竟我們是暴露在充滿各種危險因子的環境中求生存的生物，如果一個人完全沒有防衛，那應該很快就會被瓦解或被侵犯。心理防衛讓我們擁有警覺，避免別人誤入我們的人生，灌注似是而非的觀念。人際歷程也探討我們慣用的方式太僵化，以至於沒有其他選擇的時候，就容易讓個人更受困。

案例中順從的先生，在順遂的時候，從未發覺自己和太太的落差，更在對職務

游刃有餘的狀況下，對人生感到滿意，覺得自己一帆風順。但當職務有所調整時，

內心感受到的壓力，就會變成一張無形的網，讓他與其他人區隔開來，不想帶職務

壓力回家的美意，都變成難以調整的壓力。當他越來越壓抑自我，情緒也變得怪

異，所有負面的感受就會變成下意識的投射，一個人在有壓力的情況下，最容易彰顯出自己的核心信念。

對於順從討好的人來說，不會覺得自己是倚賴對方的需求而生，反倒覺得自己充滿美德，他們的關心和同理心會被增強、被社會認可、被喜歡、獲得更多人際很棒的回饋和關注；而勇於對抗外在攻擊的人，常說出別人無法說出的話或怒氣，這些爭到贏的心態，常讓他們覺得自己很強，因爲他們藐視、輕蔑那些無能爲自己發聲的人，某種程度上也覺得自己是爲無法替自己發聲的人說話；至於那些常常視自己爲特殊分子的人，不會被一般世俗的眼光所束縛，只要維護自己超然的眼光，不跟一般人計較，也不需要和他人競爭，充分彰顯自己的獨特性和脫俗。

這些防衛，都能帶來一些好處，只是面對壓力時，這些方式就不適用，因爲人會擔心如果放掉這些習慣，自己也會跟著變得無所適從，無益於發展出更合適的人際策略——所以，就是這裡出了問題。

給心情一個歇腳亭

當我們被自己的心境或外在環境卡住時，記得給自己一點餘裕的空間，嘗試以下「擴展角色目錄」的轉換練習：

試想一：假若有一天，你發現自己跟同事之間的意見不合，你會？

□力爭到底
□選擇妥協
□聽從對方
□不碰不錯
□按兵不動
□逃避話題，由別人說了算
□交給主管處理
□其他______

試想二：假若有一天，這個對象換成你的**家人**，你們之間意見不合，你又會做出什麼選擇？

□力爭到底
□選擇妥協
□聽從對方
□不碰不錯
□按兵不動
□逃避話題，由別人說了算
□交給長輩處理
□其他＿＿＿＿＿＿

試想三：假若有一天，對象換成你的**伴侶**，你們之間意見不合，會做何選擇？

□力爭到底
□選擇妥協

□聽從對方
□不碰不錯
□按兵不動
□逃避話題
□由別人說了算
□交給長輩處理
□其他＿＿＿＿＿

你會發現，我們面對不同角色的回應慣性有同有異，這些狀況會視情況而定，你可以寫下最近一次你們之間的意見不合或衝突，並寫下原因。

對象：
我如何回應：
選擇回應的原因：

這樣的回應像你平常的回應嗎？

想想如果是面對不同對象，你還會這樣回應嗎？

試想你如果扮演以下角色，還會這樣回應嗎？

（國王、皇后、僕人、小孩、寵物、奸佞小人、老實人、說謊者、賣家、裝闊大爺、小丑、小公主、紈褲子弟、敗家女、掌上千金、傀儡、富豪、幼兒園教師等）

哪些角色你最無法接受、最不允許成為的？

哪些又是習以為常的呢？

我們所認同的角色，也形塑了我們哪些個性？

有時候你越無法理解的角色，都在我們心靈的黑盒子裡面，那些被我們唾棄、鄙視的角色，都是我們黑暗的陰影和能量，有時候，借助這些力量，可以更了解自己，以及拓展自己性格面向的豐富性。有些人很容易恐懼、慌張、疑神疑鬼，當他嘗試去扮演神經大條的人的時候，可以拓展對自己不同面向的選擇。

永遠別忘記打從你來到這世上就是個再豐富不過的人，別限縮自己的可能性。

8 為什麼我們總讓父母插手人生？

——偏心的父母與容忍的女兒

「女兒啊，我們家寶貝小孫子最近都好嗎？」電話這頭能聽出對方興沖沖地打電話來關心。

「好得很，不要多問啦！」她沒有呼應這份熱情，反倒像是澆了冷水。

「關心一下是會怎樣，妳怎麼翅膀長硬了，就不要媽媽了？」

「不是這樣好嗎？我只是不想要妳把我當小孩看啊！爲什麼我生個小孩，妳凡事都要插手？每天都打來問。」

「妳難道看不出來我只是在關心妳嗎？不然都不要打，我樂得輕鬆。」

「妳看，說出眞心話了吧！我就知道妳不是眞心的！」

「妳聽這話有多偏差！妳知道自己在說什麼嗎？」

「我不想跟妳講了啦！妳的優越感建立在我身上夠久了！該退場了！」

「難道聽不出來我只是想讓妳輕鬆一點嗎？妳跟媽媽這樣講話對嗎？」媽媽其實聽不懂她在表達什麼，只覺得一肚子委屈。

「好啦，妳接下來一定又要說我結婚後就變了這種話，我不想跟妳講了……」

（嘟嘟嘟……）

她一個勁兒把電話切斷，好讓自己耳根子清淨一點。

「幹嘛哩？每次跟媽講話都這麼氣？」她先生很不解，每一回她跟媽媽講話就像戰敗的鬥雞，完全提不起勁，然後又會將怒氣發洩到先生身上，但她也拿自己的情緒沒辦法，畢竟長久下來，她也曾想做出點改變。

從未表達需求的隱形人

她會這樣對媽媽，不是沒有原因的。

一直以來，她都覺得媽媽是雙面人，一面說要幫她，另一面卻笑她無能，而且還要她永遠帶著一顆謙卑的心來感恩父母。

身爲老二的她，從出生就好帶好養，從不挑食也不會鬧情緒。和姐姐相比起來，個性有極大的反差，也因爲從小不像姐姐凡事都很有意見，所以她很早就體會到「會吵的小孩有糖吃」這個道理。

她的父母會帶姐姐逛街並買名牌包給姐姐，但她只能買零碼包；父母會帶姐姐逛街買名鞋，但她只能撿別人的二手鞋；買家用品時，永遠讓姐姐先挑，她撿剩的。

她通常是家中被賦予一身美德的孩子：省錢、溫順，當那隻拿聲音去換雙腳的美人魚。

因爲她太無聲了，所以人人都無視她的需求，都需要幫她做決定。

她常常被交代：「姐姐過去都在阿公阿嬤家長大，所以沒有父母的愛，妳要容忍一點。」她在家中被默許成爲一個無聲的女兒，爲了不讓父母擔心難過，她被要求要矮姐姐一截，並在私下被爸媽給予好處，好在檯面上證明父母很有能力教育小孩。

在家中，因爲姐姐不乖，讓她也要讓渡出自己的自由。青春期的她常被爸媽闖進門，當她要求「不要開我的門」時會被斥責：

「在自己家裡，有什麼好躲躲藏藏？」

「門不要關。」

只要她想要有自己的隱私和空間，就會被說嘴成：

「跟妳姐一樣想野了是不是？」

「家人之間要有什麼祕密？」

「我跟妳講，妳朋友就只會害妳，妳看妳姐交一堆朋友，能幹嘛？」

長大後她開始能體會，爲什麼姐姐國中蹺家時，一直抗議家裡沒溫暖。她們姐妹一輩子要與爸媽的焦慮共存著，爸媽假意認同姐姐，是因爲怕她出去亂講話丟臉，所以才說「交一堆朋友有什麼用？」她知道爸媽是用「滿足物質欲望」的方式對待姐姐，一手給錢，一手再給予安撫；另一方面把對姐姐的不安、疑慮和擔心往妹妹身上堆，要妹妹安安分分、盡忠職守，當個不讓父母操心的「無需求的隱形人」。

自尊心低落的孩子

向來順服的她知道父母的優越感不可能建立在姐姐身上，所以她得扛起讓家人有面子的責任，讓家人開心、不操煩，永遠扮演好自己的角色。她一方面心疼父母，一方面也知道父母的手段就是不斷私下給予優渥的條件，但檯面上又說是自己的功勞。她們姐妹倆的自尊心都被踐踏在地，因爲爸媽給姐姐好處，卻又看不起姐姐；要妹妹表現好，又不想將她捧上天。她得用許多冷酷的回應，才能抵擋得住父母的期望和自我的要求。

她們有個正常卻對愛無感的家庭。直到姐姐正式出嫁，她也有了自己的家，才得以看清這一切的問題，但她卻無法接受父母因爲空巢期，回頭想要緊緊抓住她這件事。常在自己「有能」和「無能」的感受中被拉扯得很痛苦。

當媽媽說：「我幫妳做月子，妳剖腹產，我幫妳做兩三個月的月嫂都沒問題！」她一面想相信媽媽是眞正爲她著想，但一方面又覺得媽媽對她頤指氣使，認爲她什麼都不會的樣子很過分！

她沒辦法好好當個女兒，也沒辦法好好從事母職，當她想要有自己的生活，被媽媽說得一無是處，當她想要媽媽收回關愛，又抵擋不住媽媽排山倒海的傷心和失望，這些事情讓她從小就難以承受！

身為父母，我們都會跌跌撞撞和患得患失

有時候我們在愛對方的過程，很像是在拆對方的家門，尤其是家人之愛。有些父母因爲自己的不安和焦慮，投到孩子身上變成一種「你不能不聽我的」的掌控感。這些下意識的動作，父母可能連自己都不自知，直到孩子回頭抱怨、反彈時，還不見得有自覺，只覺得孩子變得不懂事、不聽話。

大多數的父母都不是準備好才成爲父母的，孩子在嬰幼兒時期，很多父母抱怨自己被綁住了，但綁習慣以後，小孩就迎來第一個「叛逆自主期」，變得很有自己的意見，父母便開始調適自我，並在面對孩子想要凡事自己來，同時又需要大人的引導時，間接教導孩子許多生活常規。

小學和幼兒園階段，孩子的世界開始有了同儕和老師，他們的世界不再只有父母，卻仍需要父母的引導，此時父母會嘗到一點甜頭，那就是——「我對孩子是有影響力的」。孩子會依照父母的習性和判斷，了解到自己和他人的不同，但也會爲了維護家人的關係，給出一定程度的配合和討好。當父母已經習慣孩子需要依靠他們給出指引後，緊接著又得面對孩子青春期，對什麼都反彈的過程。

這個過程就像是當孩子慢慢跨出自己的房門，試圖跟你表達他們的想法時，他們想的不見得全對，可是卻會跟你據理力爭，希望你能說服他；他們想的也不見得全錯，卻會在性子上鬧彆扭，跟你講話大小聲。所以當他們又關上門的時候，常會關得大人心慌慌的。

父母在心態上也顯得忐忑不安，因為在責任和義務上，必須得照顧孩子，一時之間拿不出新方法，互相爭執之下，最後只能火爆地拆掉孩子的房門，拿回父母的職權。

從小開始發展的生存策略

在這個拉拉扯扯的過程中，孩子的二十幾年過去了，父母的二十幾年也過去了，來到新的適應階段。有些孩子在青春期沒有建立起自己的房門，到了結婚生子階段，就不知道「要怎麼建立家門」。

所以我們常聽見有人說：「他結婚後就被另一半帶壞了。」「他結了婚之後就變得不一樣了。」其實，在結婚階段，對於順從型的孩子來說，他們會開始建立自己的門戶，而對於對立攻擊型的孩子，反倒是一條回家之路。

人際歷程的理論提出，人類其實都有適應的能力，從小我們有自己的生存策略，第一種叫做「討好順從」，討好可以獲得喜愛和愛，並且引發對方有能力的感覺，是保全雙方都需要愛的好方法。第二種是「對抗攻擊」的方式，透過對抗攻擊，可以讓家人更了解你的需求，以便維護以及了解你並非他們所想的那樣。第三種是「遠離迴避」的方式，當我們遠離他人也遠離自己，讓對方摸不透的時候，可以在心理上創造出一個小空間，以便讓雙方可以緩衝，這些生存策略，都是我們從小為了維護家人之愛，所衍生出來的。

當措手不及的父母面對成年子女的青春期

為了維護家人之愛以及處理成長帶來的痛苦和焦慮感，我們發展出重複的互動方式，以便讓對方有所預期。所以當我們面對父母的抗議，像是「妳難道看不出來我這樣是為妳好嗎？」也許不一定是種情緒勒索，而是「妳怎麼變了？」「我不習慣妳的改變。」等抗議訴求。而我們對於父母的生存策略轉變得有些耐心，更要承擔「遲來的轉大人」，父母和子女間都需要有調適期的。

給心情一個歇腳亭

無論你是孩子還是父母，你也有過這樣的轉變時期嗎？

你的第一個叛逆期是在哪個階段？你的父母怎麼回應？

而你的討好時期又是在哪個階段？當時有哪些主要照顧者經歷過這些階段？

你會怎麼讓家人知道你的轉變？你會怎麼理解家人之間關係的轉變？

你想改變哪些僵化的互動方式？哪些僵化的互動方式是會讓你覺得不被理解？

家庭發展階段都是不斷滾動式的改變，而你如果以報導者的觀點，會如何形容你現階段的家？又如何理解這個階段時期的家人和自己呢？

如果以你的年紀為記憶，用二十年做為一個區段，你會如何畫出你的家庭三個階段的經典畫面呢？

0～20年

20～40年

40～60年

畫完之後，你有什麼新發現？

你發現家庭有何轉變呢？

你發現家庭的價值和觀念，有什麼不同的變化呢？

這對你的影響是什麼？

我們不要因對方的能力不足，或用過去被傷害的方式，再度刺傷自己！

9 為什麼我們總是逞強？

——內心害怕不如人的總監

他在國內知名的外商公司是權力無上的總監。他從求學階段到求職、求婚、生子一路順遂，到目前爲止都沒有什麼事難得倒他。

公司發車、發房給他，讓他外派都可以好好安家，他跟副總很要好，他們從就讀EMBA時期就是同學，在海外交換時，也一起同甘共苦過一段時間，沒有人可以取代他變成公司上層的心腹，他的太太崇拜他、依賴他，小孩也以他的話爲主，對爸爸崇拜有加。

但是，他最害怕的就是逢年過節的時候。他不喜歡回家，因爲他會瞬間感受到很大的落差。

他的爸爸是國內有名的免疫學專家，從小就對家庭健康有獨到的見解，對他也期望頗深；叔公是廟宇中的掐指神算，有大批信徒愛戴他；伯父是自信心爆棚的商務退休博士，而姑姑是學中醫的。整個家族中，每個人都有自己的專長和驕傲，但彼此聚在一起，就會相互比較，攻訐對方的論調，認爲自己才是最強的。

對他來說，家族裡的人都是強者，身爲晚輩的他，從小會拎張板凳坐在屋簷下，聽長輩講有趣的事，雖然他們常像搶麥克風一樣，搶著跟小孩分享故事，有叔公的話，大伯就不會出現，有大伯的話，姑姑就不會出現，長輩們輪番跟孩子展現自己的專才和見解。

這些故事成爲他勤奮讀書的最大動力，因爲他也想像他們一樣有自己的驕傲，成爲一方霸主。但長大後，他的視野漸長，生活圈也拓展開來，才漸漸發現家裡不相容的氣氛有多麼劍拔弩張，當他拿著自己從國外取得的行銷專才，回家跟長輩們分享的時候，卻感到無助和挫折，他們一樣巴著麥克風，不遑多讓，一邊藐視你的專業，一邊說自己多厲害。一開始，他覺得一定是自己能力不足，但日子久了，漸漸感到他們的強勢不是眞的要拔擢或鼓勵晚輩，而是要灌輸「你不如我，你要崇拜我」的想法，這種無助感和壓力，吞噬了和長輩間的關係。他開始發現，當自己提著亮眼的成績單回家，反倒會讓他們感到無比的壓力和激起不斷比較的心，所以就會端出更大的權威要壓制你，甚至是人身攻擊，像是：

「告訴你啦，人生沒有這麼簡單，你不聽我的，還是會很慘。」

「我們家吼，大家都自以爲是，不聽我話的人，有他的報應。」

「你看叔公，在外面不學無術、騙吃騙喝，不像我們有科學根據。」

「你看大伯自以爲多會賺錢，告訴你，那種投機取巧的人不值得學習。」

「你看你爸，免疫學專家還不是會生病，學那些都沒有用！最後還不是要算命！」

「你看你姑姑學那什麼中醫，成天只會講那種虛無飄渺的東西。」

過去的他，看不見爲什麼過年團聚變成輪番的批鬥大會，他從看熱鬧的位置逐漸轉移到被批鬥的處境，而他也看不下去長輩們的互相攻訐，紛紛要從他身上獲得認可和主控權的行爲。

他從小害怕這個家，卻不得不回家。

過不久他也發現，他對員工、同事和家人，也是這種跋扈的態度。當他嘴巴說出那句「跟你說，你不聽我的，你會很慘啦！」的時候，他突然止住，因爲這種盛氣凌人的態度，跟他的家人好像。

當他說這些話的時候，內心其實害怕對方不敬重他、不相信他的判斷、不理睬他的主導，這些恐懼和害怕，在他被質疑或者發現同事做不到的時候，就會淹沒他的心思。

他對自己有一定的驕傲，對異己有微詞，也用這種強勢的方式，將對方壓下去，這種下意識的虛榮心和逞強完全吞噬他，讓身邊的人也備感壓力和無助，出現許多只倚靠他的爛草莓，讓他在工作中更是心力交瘁！

對偶像崇拜的重新覺察

在我們生命中常出現一些強而有力的人物，他們相信自己是全知全能的，這些人也許是至親親人，也許是生涯過客，他們在與你相遇之後，介入你的生活，並極力給予意見，幫你的人生做判斷和決定，最常聽到的話像是：「你就按照我說的去做準沒錯。」「你就遵從我的引導。」「你就別給我節外生枝。」「你就是不聽我的話才會這樣。」「就說你沒辦法搞定。」「你沒有我不行啊！」「你怎麼樣也比不過我！」「你要像我這樣，你看……」「誰能像我這樣，聽我的就對了！」

在生命早期，這樣的人物的確會讓我們感到崇敬和安全感。但若當我們已經成人，你得有意識地和這類型的人相處。

有些人的自信和自尊心是建立在「你得聽我的才對」「你休想有自己的想法」「你怎麼樣都比不過我」的時候，你得了解對他來說，他的價值得建立在你的認可之上。

而你和他的互動過程中，他總是要你崇拜他，認同他的意見比較好，當你表達意見時，永遠覺得你像個孩子一樣，不成熟、不會想、不會度量自己的能耐等等。而在這當中你感到很挫折的是覺得他永遠不了解你、不認識你，甚至不認可你的成長和能力，也不關注你所關注的議題、不認爲你想的有道理，甚至當你是對的時候也詆毀你。

這時候，你得認清你們之間沒有「互動」的關係，只有「神算和問命」的關係，這類型的關係，在互動中，他會捧你是因爲你認同他，他會詆毀你是因爲你太有自己的意見，互動過程會感到累是因爲，你和他相處時，他大大削弱你的能力，讓你感覺自己不如他，低他一等。

你會發現，這類型的人會要你非聽他的話不可，否則你的人生就會受到詛咒、遲滯、延宕或失控等不好的後果。這類型的人，常常會吸引到對他人很依賴、對生命不加以思考或判斷、對人生感到茫然無助，無所依恃、對自我感到徬徨的人等。

愛一個人的各種形式

當我們愛一個人，第一步是想要靠近他，但形式各有不同：可能會想要討好他、親近他、吐槽他、保護他、損他、向他示弱、撒嬌、表達強勢可靠等，我們需要釐清愛一個人、對一個人好，有著各式各樣不同的形式和表達方式。

所以，「執著於單一互動行爲」是具有危險性的，對於這類型的人，他們常常需要靠吞噬你去感受自己。例如：我愛你，是因爲你很聽話；我愛你，是因爲你夠溫柔；我愛你，是因爲你很體貼；我愛你，是因爲你以我爲主。

這類型的人要你沒有自我，他要的愛是「以他爲主」，當他想要一段不對等的關係時，其實本身也反映出他生命的空缺。

你想想看，如果你愛一個人，是得讓他變軟弱、變無能、變自卑或低你一等，如此一來，你才能感受到自己是有能力、比他強的，那你心中一定有個核心的信念是：「只有強者才値得被愛。」這種愛，是基於「害怕」，因爲「如果我不夠強，我就會被淘汰」「如果我沒有能力，我隨時會被拋棄」。基於此，你容易因爲「害怕無能」而感到情況失控，也容易因爲害怕無能和對方競爭，不允許對方做自己或說出自己的想法，因爲當彼此成長了，彷彿你的地位不再穩固，你就不會是最強的人了！

所以，當別人夠有能力、不自卑，懂得反駁你的時候，你就會感受到莫名的壓力，你因爲害怕被比下去，害怕被瞧不起，最常用「把對方踩得很低」的方式，彰顯自己的能力，表現出你什麼都懂，用深奧刁鑽的問題考別人，讓他人感到自己有缺失、無能力、無價值，以便彰顯「你是最好的」。

給心情一個歇腳亭

成為你心中想要的，讓改變成真

除了辨識出問題之外，也得積極了解你怎麼參與問題，在人際關係之中是如何支持對方的自我中心、優越感，又如何藉由貶低自己，去迎合或依賴有能力的人。

在人際技巧或策略中，這些手法都沒有錯，我們總會遇到能力比較強，但又會強勢主導我們人生的人，這一切都在於「過度」這兩字。當我們發現對方只是想圓他生命中的缺，要你強制接受的行為，請你好好想想以下的問題：

1.你在問題中的角色是什麼？

2.這個問題如何變成你的煩惱？

3.不聽他的話時，你的恐懼和焦慮是什麼？

4.對方說了壓迫你的話真的會發生嗎？你能扛得住多少？扛不住多少？

5.在問題中的哪些部分你也有份？

回歸到自身，「成熟」的定義在於我們可以為生命中的不預期負得起多少責任，當對方運用僵化的方式來跨越衝突時，往往會激發出更多焦慮，越多焦慮就會引發越多僵化的行動。

有些人會開始討厭自己，覺得「我不能這樣，不然就……」有些人會覺得別人害他，覺得「要不是他先開始，我也不會……」有些人會覺得「你看又來了，都是對方造成我變這樣……」

所以我們與人互動之間得常常想，「我們是怎麼參與了這個問題」，又是「怎麼將問題延燒到自己身上」，因為別人會這樣對你，你也有份！

帶著好奇的眼光，去發現那些和預期之外不一樣的故事！

10 為什麼我們從未為自己而活？

——完美卻低自尊的男人

在公司，他是位優雅謙遜的主管，也是人人心目中的白馬王子，通常這類的男人都會在戀愛市場被秒殺，可是他卻維持不跟公司內部的女職員交往，讓大家對他的感情世界蒙上一層渾沌不明的薄霧。

於公，他有他的傲氣跟優雅，於私，他是一位極沒自信卻極力想隱藏的人。

他在一個處處被打壓的環境下長大，別人說什麼他都吸收得很徹底，也因爲是家中唯一的男性，從小就被寄予厚望，也被嚴厲地要求，當他做得不夠好就會被說：「是男人你就得強壯起來啊！」「不要當個孬種！」「不中用的東西！」

他不能表現無能，當他遇到問題時，只要想發問就會遭拒：「不要再問我這些蠢問題，你怎麼不學聰明一點？」「有什麼好問爲什麼的，照做就對了！」

他不可以表現蠢笨，當他考不好，就會被說：「考這種成績，丟人現眼！」「你還好意思回家喔？」「我的錢都白花了！」

他不能表現不如人，當他爲一些事情感到難過時，總是被說：「哭什麼哭，你們家死人喔？」「男子漢大丈夫，有淚不輕彈！」

他不能表現脆弱，他很習慣這些禁令，但同時也感到壓抑和煩悶，可是他馬上就會振作起來，因爲他不敢不夠好，也不敢提出要求，更不敢去反對，常悶不吭聲，以大家的期望爲期望。

這種如傀儡般的生活，讓他喪失自己的感受，在外，他的能力很強，謙遜有禮又優雅有品，但在感情世界裡，他卻是一直受挫，沒有自我的他就像神隱少女裡的無臉男，一心只想著對方喜歡什麼、對方想要什麼、對方會不會對自己不耐煩……當他內心一直往對方去設定，他就完全喪失自己。一方面希望對方開心，另一方面也希望總有一天，對方能夠知道他也需要被貼心地對待，只可惜對方在被他慣壞之後，最終下場就只會被當成予取予求的提款機和工具人！

他想跳脫交往初期那種「謙遜有禮」「壓低姿態」「亦步亦趨，擔心配不上對方」的自卑心態，卻又反向吸引對方來壓榨他，就連原本沒有任何要求的女子，也被他餵養成無限上綱的貪心女。

他常把對方慣壞，引發對方最貪婪的那一面出來，他不曉得問題出在哪裡，只覺得當對方說：「當你女朋友好好！」「你好強喔！」「你怎麼都知道我要什麼？」「我從來沒遇過對我這麼好的人了！」一旦這樣的迷湯灌下去，他就會赴湯蹈火地去滿足對方的需求，任對方需索無度，還覺得做得不夠好！即便有時候他累了、煩了、不想做了，也不敢跟對方說。

他原本想透過戀愛關係，解決孤單的問題，卻越來越孤單。

生命中的缺讓他招架不住對方

這一切，其實都是他吸引來的。他痛恨權威，卻也需要權威，但更潛在的是這個權威如果用溫婉的方式下達指令，任他付出到天荒地老，他都覺得死而無憾。他痛恨被需索無度，卻需要嬌嗔和吹棒，所以他也「訓練」對方對他無比依賴，進而成爲一個貧婪的人。

在完美的面具底下，他其實很自卑，生長在不斷被潑冷水的環境中，在這類型家庭中長大的孩子：完美、自虐、討好、自卑、社會化又扭曲。他從小透過付出行動來影響父母對他的感受，他知道怎麼做最圓滑、最得人疼、最容易被喜愛。

這些順從和討好的作爲，隱藏在他的保護色下，因爲按照對方的要求，這樣像變色龍一般的人際策略回應是最安全的。他容易吸引到另一個容易示弱卻極度自戀的人來壓榨他，而他也樂於隱藏自己在這些需索無度的要求裡面。

「來要求我吧！」正是他向對方明示、暗示出來的訊息。

在人際歷程中，這樣的孩子非常善於討好，也非常孤單，有時候想向對方提出要求的時候，就會感到罪惡感，或者「我不值得你對我好」的自我嫌惡感，當他想提出要求的時候，他就會使命必達地答應對方的需索，當他想要對方也對他體貼的時候，他就極力替對方著想，這種「一想到自己，就想著別人」，常常與自己背道而馳的習慣性思維，在華人社會常被視爲美德。當他想到己溺就會有罪惡感，那就處理人溺吧，所以他會吸引到一堆需要他的人；當他想到己饑，就想到人饑，所以他就吸引了一堆貪婪的人，不斷掏空他！這種自卑的無臉男，容易吸引到自戀的貪食蛇女子對他施以虐待。但也因爲他急著要滿足對方需求，所以離不開對方，他一邊付出，一邊想著：「如果我不這麼做，對方就會不要我了。」「她這麼有魅力，一定馬上就跟別人跑了。」「她的臉垮下來了，我要怎麼樣才讓她再開心起來？」因爲這些焦慮充斥在他心裡面，而他沒有空間想想自己，卻想極力排除這樣的焦慮感，所以當他急迫地要消除對方的不滿，這種急迫感跟自己的不安有極大的關聯。當他一偵測到對方的需求，就有他的用武之地，有他的用武之地，他就變得有用！

於是對方不能是個健康的個體，因爲，一旦對方不需要他了，他就變得沒有用了，他害怕自己不夠好被看穿，所以要付出更多努力，爲了制止心裡快速上升的羞愧感，他更加限制自己，服從別人，但在他感到累了，就更加看不起自己，認爲自己沒用！

這種自我糾結，來自專制型的家庭經驗，美國加州大學柏克萊分校的發展心理學教授黛安娜．鮑姆林德創立父母教養方式理論，做爲當代最著名的臨床心理學、發展心理學家之一，他針對六〇年代和七〇年代的父母及子女的互動進行調查，發展出教養風格與個體發展的相關理論，她將父母的教養方式分爲四種類型，其中一類爲採用「高控制、低情感」的專制型，父母傾向於他們有好的表現、長出有能力、負責任的部分，卻鮮少給予孩子情感的支持，當他們在情感上希望被回應的時候，就容易被潑冷水，被視爲沒有能力和不夠好，這樣的互動方式，讓孩子長久下來也會在心中這樣對自己，他們習慣隱藏脆弱、自己處理脆弱，並且不讓父母看見，當他有期望時，就會出現「你一定會被嘲笑」「你怎麼這麼弱」「你不會被當一回事」「這有什麼好講的」等更加強烈的信念，一竿子就把他的需求推翻，然後他又在「害怕不被認同」的內心小劇場裡面掙扎，畫地自限。

一個人的內心，往往有光明面與黑暗面，如果他不接受自己的某一面，就只活出了一半。這些小孩，隱藏自己的脆弱和需求，表現出溫婉體貼、順從的大器模樣，遲早會被反噬。佛洛姆曾在《愛的藝術》一書中提出：「不成熟的愛會說：『我愛你是因爲我需要你。』成熟的愛則會說：『我需要你是因爲我愛你。』」我們必須認識自己，才有機會以眞正的自己和對方互動，因爲成熟的愛不是壓榨自己才能成就，你得先遠離壓榨你的人，才有可能排除焦慮，獲取心理空間好好認識自己是怎樣的人！

給心情一個歇腳亭

許多感到沒自信、只看見別人需求的人，依然在工作上有卓越的表現，成為在職場上受敬重的人！

只是在私下，這股害怕不被認同的怒氣，無法擺平，讓人心疼……

我們無法改變父母的教養方式，但你心中的「教練」是可以微調的，我們一起進行以下的「沒有關係」練習：

試著想一些你不允許自己在別人面前暴露的畫面，分成行為、想法、感受三個部分來書寫

行為	想法	感受
摳腳趾	我對他很生氣	我感到委屈
挖鼻孔	我對他很惱怒	我感到無助
大笑	我真的很無能	我感到嫉妒
	我好愚蠢	我感到不屑

在你的房間裡，關上大燈，點上一盞小燈，只有微亮的燈光和你一個人，將你寫下來的這些話語，一句一句跟自己說……

「我可以在人前摳腳趾，也沒有關係，我接納我自己。」

「我可以對他生氣，沒有關係，我接納我自己。」

「我可以感到委屈，沒有關係，我接納我自己。」

「我可以＿＿＿＿，沒有關係，我接納我自己。」

「我可以＿＿＿＿＿＿，沒有關係，我接納我自己。」

任記憶，帶你去到那個充滿禁令的時空，在此時，輕聲地告訴自己「沒有關係」，那些禁令，大大解放了此時早該而未成熟的成長步調！

PART 2
夫妻關係篇

1 為什麼我們有腳，卻無法離開一段爛關係？
——陽光男與憂鬱女

Alex是個人見人愛的陽光大男孩，弱點是常被說他太善良，人人好、不懂得拒絕。Bella是個多愁善感的女孩，常對事情負面思考，杞人憂天。

他們在救國團的活動中認識後，慢慢有互動，Bella喜歡Alex的大方和善解人意，Alex則是被激發起感情救世主的情懷，兩人在私下聊天後便開始交往。

陽光男孩自詡為救世主，想要帶女孩脫離憂鬱邊緣，女孩則是感染了男孩的陽光氣息，覺得自己似乎有所改變。

但是，不擅交際的她，也在有意無意間將他帶離原有的人際關係，占有欲作祟之下，她想成為這顆太陽唯一映照的植物，看能否多留住點陽光，而他為了她，脫離了原本的救國團活動、排球圈、羽球圈、假日轟趴圈、遛狗圈，剛開始，他帶女孩離開陰鬱的房間，但爾後女孩也拖住他僅有的「陽光生活圈」，慢慢退到兩人陰鬱的世界裡。

「假日我們出去打打球好不好？」

「爲什麼你總想著要出去，有我不夠嗎？」

「我不是已經陪妳去書店看書，在家看電視了嗎？」

「我只是想要你陪我多一點，這樣也有錯嗎？」

Alex被她問得罪惡感十足：「好好好，我陪妳。」

妥協之下，他的心中閃過一絲不滿，但爲了陪女孩，他也沒多說什麼，只能一直退讓，避免女孩有過多的猜想和難受。

女孩既走不出去，也不願意從狹隘的世界裡出來，而男孩的世界也開始狹隘了起來，兩人因此出現許多隔閡。

她來自於一個破碎的家庭，對關係沒有安全感，她希望男孩的陽光像永生花一樣永存，只要男孩離開她的視線，她就會開始感到不安。她需要一個永遠可以拯救她的人，好讓她不用改變憂鬱的「舒適圈」。

男孩的原生家庭有個憂鬱的媽媽，從小就想帶他一起自殺，他覺得只有自己可以救媽媽，只要自己還擁有陽光，媽媽即使在爸爸的家暴陰影之下，也依然有生存動力。這些年，他非常得心應手於扮演這個角色，後來也帶媽媽參加各種活動，讓她開始學習有自己的生活圈。

他原以為自己也可以帶女孩脫離憂鬱，走向正向的人生。

殊不知，女孩只想待在家，完全沒有動力去做任何事，即便他當起家事小精靈，完成所有家務，卻還是無法讓她眞正開心起來。交往的這幾個月來，他和所有交友圈都斷了聯繫，也離開自己假日殺時間時的舒適圈，遠離交朋友的樂趣，傾盡一切陪女孩，殊不知，他越陪，女孩的恐懼越是——「如果我變好了，他會不會就不陪我了？」他們沒把眞話說開，活在各自滿足的人生角色中。

他沒有發現，讓自己無法自拔地沉浸在這段關係中，是他的選擇。打從他的心底，就希望女孩變好，但不要全好。因為如果女孩的憂鬱傾向好了，他會從一個拯救者，變回一個平凡的男人；而女孩會讓自己稍微有起色，以便讓男孩有點成就感，但不能全好，因為如果她痊癒了，男孩的拯救者角色、家庭小精靈角色都會不見，他們會破壞掉彼此相處的恐怖平衡。

他們沒有發現，兩人口口聲聲說要改變，但其實都沒有要改變。他們也會因為賴以維生的人生角色，吸引到相對應的人事物，讓他們可以繼續有能力，所以不管遇上多少人，都會遇到一樣的問題。

投射和認同的絕佳組合

他們沒有發現自己會甘於待在這樣的角色裡，是因爲他們都「自戀也自卑」。一個人對自己的角色認同除了會影響人際互動，也會導致我們吸引一段相對應的關係，因爲我們在關係中，找到了一個重要的角色，認爲自己扮演得非常稱職又道地，可是一旦我們離開這個角色或這段關係，又會覺得彷彿眞正的自己也跟著不見了！

這種角色間的默許是種共生的關係，也就是「我和你同時都允許這樣的關係繼續」，外人也許看到的層次都很表面，他們一致認爲男孩被女孩拖累，女孩是個需索無度的無底洞，表面上的確如此，但這樣的評價不足以解釋兩人之間的關係，因爲男孩無法替這段關係畫底線，除了擅長扮演拯救者以外，其他事情都做不了，所以，他後來的辛苦，也是自招自惹的。

痛苦的關係，雙方都有份

兩個人之間的關係總有一個巴掌拍不響的狀況，例如，如果有人跟你抱怨長官對他無限上綱的要求，那你可以想想：「他怎麼允許長官對他無限上綱的要求？」同理，如果一段婚姻中，男人跟你抱怨：「我老婆很跋扈，做什麼事情她都以自己爲主。」那你可以想想：「先生對於太太跋扈的怨言，有表達過嗎？」「他如何『支持』太太的跋扈？」

如此一來，你就會發現痛苦的關係，雙方都有份，甚至是一方自以爲犧牲奉獻，另一方卻全然不知，還以爲另一人樂在其中。

我們在關係中的隱忍，無意間也支持了這樣的處境持續發生。假設一對夫妻要打起架來了，一個要打，另一個卻離開，那麼對打戲也演不起來；如果一個人生病，另一個人覺得麻煩，就難以演出「照顧者和被照顧者的」劇碼。沒有其中一方的「支持」，他們是演不下去的。

所以當你聽見有人向你抱怨，記得豎起你的耳朵，聽聽他怎麼回應的，你就會知道一**段你情我願的戲碼，需要雙方都成就才可以。**

建立關係時，大多時候都在自我滿足

在親密關係中，最遙遠的距離是──「我渴望建立親密關係，卻只想要你照著我心裡的劇本演出」。

投射和認同的現象，點出了這個關係中的盲點──「在這個劇情中，我只想要你按照我的劇本演出，卻拒絕演出你的。如果剛好我們各自在平行線上，卻非常契合，那我們應該是最速配的絕佳戀人吧！」

在精神分析專家梅蘭妮．克萊因提出的投射和認同的理論當中發現，人會把自己幻想的內容，放到別人的身上，然後再從自己的內心操控那個人演出自己想像的樣子，當對方與自己幻想一致的時候，彼此的親密關係就建立了，但如果對方對於這樣的想像沒有反應，那投射和認同就起不了作用。

「投射」的觀點本來是由佛洛伊德提出的，那是我們的一種自我防衛機制，「投射」是我們拋出內心無法容忍的負向評價，是單向的，而「認同」是一種接收，所以「投射和認同」之間是A與B的「互動關係」。例如：你認爲沒有穿得很體面就出門會很丟臉，當你看見你的伴侶穿得很不體面，但你們卻要一起去參加活動，會讓你很丟臉，你便脫口而出：「這種場合你怎麼穿這樣？」這時候你的伴侶如果也覺得被這樣講很丟臉，進而去改變服裝，那就投射認同成功。

在關係上，投射認同最常發生在你對伴侶的想像，被包裝成關心或者愛他的表現。但其實背後隱藏著「如果你不……就會讓我……」「你必須按照我的意思，否則就造成我……」這些強烈的訊息，會誘使對方採取你想要的反應，若不聽從，你就會想促使對方產生罪惡感，甚至是擔心不被愛。這樣的親密關係，建築在彼此的想像，如果不從，會帶來某種程度關係斷裂的壓力並彼此融合在一起，即「你就是我，我就是你」的道理，基本的型態就是「你必須這樣對我，否則就是不愛我、不了解我、不在乎我」這些指控有時候都是我們內心的陰影，當我們覺得不被接受、不被喜歡、會被遺棄、唾棄甚至是不值得存在的時候，這樣的恐懼就會丟到對方身上，讓對方也感受到如果他不照做，也會不被允許、不被喜歡、不被接受等。

這些我們早年被頒發的「禁令」，在現在的關係中發作，甚至因此而否定對方的價值，希望對方能夠在行爲舉止或者情感方面配合演出的狀況，就是投射和認同之間的情感操縱。

給心情一個歇腳亭

華人的溝通模式，常常處於沒說清楚的黑洞狀態

華人社會常常說不開在關係上的恐懼和期望，甚至是自己對關係的幻想，我們比較傾向的做法就是不討論，用「煮一桌菜、煮一頓飯」的方式，在飯桌上吃個飯就化解掉彼此的嫌隙和衝突，並期望對方因此有默契地接受這樣的溝通方式。

但其實衝突本身並不是壞事，如果我們在一起煮飯的期間、在飯桌吃飯的時間，堅持「菜一定要吃，話一定要講開」，就有機會觸碰到個人內心的黑洞，這個黑洞包括不被肯定、不被重視、害怕被視為無能、害怕不被認可、不被愛、被視為異類等心境，這些心境相較於我們的直覺反應：一，順從妥協（你說的都對）、二，反彈不悅（你是有多好）、三，躲避遠離（不要提，容忍過了就好）等方式，如果我們鼓起勇氣，跨出那一步去分享內心的恐懼，也許相較於不說，會更容易接近彼此的內心。

親愛的，無論現在幾歲，我們都會害怕關係的破裂、重視人與人的親近，在遇到和愛人、家人、親人不甚相同的時刻，我們的內心都會害怕失去，都會經歷難過、傷心、怕被隔絕在外、怕不被接受、擔憂被視為異類、憂心對方不再愛自己。

我們都一樣，都會因為家人的反應而沮喪，因為自己內在不被滿足而傷心；我們都一樣，想要被身邊的人喜愛，想要自己的能力被欣賞、被認可，可是在這個過程中，我們得先安慰自己，給自己大大的擁抱和認可，不只擁抱陽光，也擁抱陰影，因為兩面都是你，而關於你的，都是好看的！

從你閃避我的眼神當中，看見這裡面一定有故事。

2 為什麼我們總離不開負心的人？

——卑微的正宮

「啪！」先生一邊抽菸，一邊用一個巴掌把她打倒在地上。「妳再說！妳再說！妳再管試試看！」「盧小小的！」她忍無可忍，回頭怒嗆：「你居然爲了小三打我，我要去驗傷，看你還要不要臉？」「妳去啊，有種妳去啊！去丟人現眼啊！說議員的老婆是這種咖，很落魄啊！」

「哇！」她聽見一旁四歲的小孩全看在眼裡，這一會兒撞見爸爸這樣粗暴地對媽媽，嚇都嚇哭了……

這是她最不願見到的場景，這幾年，再怎麼忍耐，她都極力避免小孩涉入其中，只爲了讓孩子有個完整的家，先生這一巴掌，把她極力營造的美好家庭，一個箭步地打碎了！

「小孩都在看，我跟你說，我這個婚離定了。」

「丟臉的是妳啦，妳自己看著辦！到時候你們什麼都沒有！」

先生甩了門出去，又是一個不回家的夜晚。

她很傷心，只能抱著孩子哭了整晚，孩子也跟著哭，沒有說話，只緊緊貼著媽媽。這一晚只是他們關係毒瘤的休止符，明天一覺醒來，又是另一個夢魘的開始。

她從沒想過，他會爲了第三者打她。畢竟她忍耐了這麼多年，知道彼此的存在早就不是新聞，她知道他不愛她，也不愛這個家，他只想迎合婆婆當初的媒妁之言，以及圓她想要有圓滿家庭的假象！想當初結婚時，她還很感激他，認爲這一切都是那麼夢幻不可得，房子、車子、金子、財富和夫家顯赫的家世，都是她當時亟欲得到的，她理當沒什麼好不滿足的了。雖然婚前她就約略得知他是情場劈腿慣犯，圓滿家庭的美夢蒙蔽了她，甚至還把他當恩人一樣服侍，從一開始就採取這樣不平等的關係。

「我犯賤，我活該，高攀上不屬於我的人。」在她心裡，覺得自己好醜惡，好卑賤！

適婚年齡的女子，最容易因爲結婚而蒙蔽自我，即便遇見情場慣犯，也會毫不猶豫地把自己嫁了，反正娘家也不介意，嫁出去的女兒就像潑出去的水，嫁到好人家就是撿到，嫁到不好的人家也至少不會餓著，就算在婆家受委屈了、被壓榨了，那也是她的事，這就是娘家的態度，所以，即便對方從沒說過婚後只會專情於她，她也明白自己只有大老婆的頭銜，但沒有實權。

老公爲自己買一送四，有小三小四小五的存在，還不足以滿足他自詡古代帝王的優越。一開始她覺得只要有權有錢，其他的無所謂，於是她合理化老公的荒唐行徑，還跟自己說：「結婚不就是這樣？夫唱婦隨，他想自以爲是地當起古代君王，就讓他去當，他想被捧上天，就去捧。」

複製媽媽辛苦的人生

她想起她的媽媽也是個辛苦的女人，從小看著媽媽身爲家中長媳，生養孩子之餘，還得辛苦地幫忙捧起家中飯碗，每次看著媽媽的背影，叫聲「媽媽」，她也忙到無法回應。

在她的眼裡，只知道媽媽很忙，在廚房裡有洗不完的碗，洗衣間總有洗不完的衣服，媽媽永遠在距離她很遙遠的地方刷洗，無暇轉過來正眼看她。

印象中，媽媽常因爲錢和爸爸吵架，又因爲要養許多孩子，離不開支撐經濟的一家之主，所以在家閒下來的一點時間也會做些家庭代工，小時候的她覺得很辛苦但卻不敢吭聲。

這樣的印象烙印在她的腦海裡面，心中屢屢感到不平，但也只能默默告訴自己：「只要我們有錢了，什麼事情都可以解決。」「只要有錢，就會好過了！」「女人只要忍一忍再經過一段時間，情況就會好轉，又可以維持美好的婚姻。」

「媽媽只要盡到本分，小孩就會懂事」是她步入婚姻前的認知，卻引來全盤皆輸的局面——孩子在學校發脾氣時，會捶牆壁、用頭撞牆；當她對關係不滿，先生就會對她動粗；她很有錢，買到了空殼家庭的幸福，卻掩蓋不住婚姻生活的殘破不堪。

被先生這一打，她的心都碎了，整個人也回歸現實！

她看見從前的自己有多麼迴避跟先生起衝突，迴避和小孩交代與先生之間發生的事情，迴避生活中的不甘心，也迴避對原生家庭的不滿。她的迴避並不會招致幸福，反而讓她感到生活更加支離破碎，全盤皆空！

明明不想，卻依然複製錯誤的人生版本

一個處處犧牲的人，對他人一定懷有不滿和怒意，如果他迴避這些不滿和怒意，這些怒意一定會回來找他……

從小我們就是爲了生存，發展出各式各樣的生存之道：有些人變得很積極，才能成功；有些人變得消極，以便壞事不要找上門；有些人變得很節儉，以備不時之需；有些人則是變得很揮霍，認爲人要活在當下，這些人生結論都沒有問題，但問題在於當人不往內心的缺口看，爲了迴避對原本生活的不滿、對身邊的人的敵意、對生活不完美的空缺，而積極尋找另一個完美的存在時，悲劇就展開了。

你會發現，雖然我們原本的目標達成了，卻出現新的問題，而這個新的問題，可能是舊瓶新裝，在人際歷程中，這種情況叫做**「惱人的人際重演」**，人際重演的意思是當我們在環境中，有些需求受到阻礙，充滿了不被滿足的匱乏感受，我們會用生存的策略去因應它，以跨越這個阻礙，可是當我們換個情境，沒有了這個阻礙，還是會吸引到某個程度的阻礙，以緬懷當時那個極力跨越阻礙的自己！因爲，如果困境被跨越了，你過去跨越阻礙的光榮徽章，似乎就不復見了，所以困境一定

要存在。

我們不想被父母忽略和疏忽，卻吸引一個永遠疏忽你，把你放在看似光鮮亮麗的主位，實際上卻永遠是次等地位的處境。

這個女二的位置，讓故事中的女主角感到傷心且無助，卻也熟悉且自然。在她的早年記憶裡面，對於人生的不滿足發憤圖強，極力要扳倒過去的人生，認爲「有錢萬事足」，她無法眞正面對媽媽的難過、在家庭中被忽略的傷心、對自己人生處境的悲傷，她一直在往外打仗，想打出個漂亮的成績，卻遺忘了在內心深處，那個遙望媽媽在刷洗東西，背影孤單的孩子有多麼渴望愛，而不只是錢……

這些複雜的情緒在她內心盤繞，直到適婚年齡，就容易投射到在戀愛中亟欲獲得拯救，以便讓人生有個轉折。

以人際歷程來看，在她的早年記憶中，這樣複雜的心情底下有好多部分需要被理解，人際歷程提出人的心情有一套「一個人感到憤怒的底下有悲傷，感到悲傷的底下有羞愧」的模組。如果只有卡在憤怒、憤恨，甚至是奮發圖強，就沒有機會看見內心的悲傷，也會感到自己永遠低人一等的羞愧。

當一個人沒辦法窺見內心的殘破，她的人生就會像錄影機般重複播放著，吸引不同的人跟他上演這場「人生不能感到滿足，否則沒有理由奮發圖強」的悲劇。

給心情一個歇腳亭

給曾經受傷的你：親愛的孩子，在深夜裡，很想給你一個溫暖的擁抱，早年的你很奮力地活著，積極到令人心疼，你沒有做錯事，更沒有人應該怪你，畢竟，誰不想過上一個幸福的人生？即便在未來的人生摔跤了也無妨，你依然值得被抱起來拍一拍，依然值得好好被愛、被喜歡！

張愛玲曾說過「生命是一襲華美的袍，爬滿了蝨子。」人生中，我們無法全拿和全要，如果你很介意，只執著在有沒有蝨子這件事情上，那麼就無法享受華美衣袍帶來的奢華。也許，人生的本質就是如此，我們得學會與蝨子共存，因為有汙穢和缺陷，也有華美和無暇，當這些都並存，才是生命的全貌！

3 為什麼都已經這麼努力了還被看不起？

——經常暴怒的先生

「老婆，回家就先吃高血壓藥，年紀大了，不要跟自己的身體開玩笑。」

「我會得高血壓還不是因爲你，少在那邊假惺惺。」

迎面而來被潑一把冷水，先生愣了一下，內心又浮現沸騰的惱怒感，他趕緊逼自己忍下來，不要惡言相向，但一次次的隱忍只會創造更大的衝突。這些年過去了，和太太的相處一直讓他覺得自己在熱臉貼冷屁股，但爲了彌補年輕時的不懂事，他只得再次吞忍並接住這冷水。

「都一把年紀了還在鬧脾氣，一點都不可愛。」他在心裡這樣想，但什麼都沒說，因爲誰都拉不下臉。

每當他的建議不被太太採納，他就會更加嘮叨，更激動地重申：「又跟我有關了，我這麼惹妳厭，妳倒說說看，我哪裡讓妳高血壓？」

「好了啦！你可以不要回來就像糾察隊一樣追著我嗎？我的事你不要管！」太太翻了個白眼，只覺怎麼會有人一回家就找碴，眞是太煩了！

「好啊，我都不要管，以後妳的事情跟我都沒有關係！」先生自顧自地上樓，丟下太太一個人待在客廳。這種老掉牙的劇碼，三天兩頭就上演一次，太太也司空見慣，不痛不癢，他這一走，反倒落得輕鬆。

他每次都這樣，當關心不被接受就閉上嘴巴，或者烙下幾句狠話就離開現場，卻又希望太太能主動跟上來關心他一下，可是這種劇碼是不可能上演的。

這種進也不是，退也不是的糾結心情，常常讓他感到很孤單。

常感孤單的孩子，只想趕緊離家

與其說他的個性固執、脾氣不好，不如說他常感到孤獨、沒人了解他。

小時候，他的成績不好、品行不佳，雖然曾經是家中備受期望的孩子，但同時也是在家裡總惹禍的孩子。他常常聽見爸媽說：「生了他眞是倒了八輩子的楣。」

「你如果今天屁股有蟲，上課不坐好，回家就準備吃一頓棍子。」「家裡沒有你最好！」這些話他很想不去在意，卻統統聽進去了。

成年之後他開始做生意，在早年興盛賣皮包的年代，他的確因此賺到一筆不小的錢，又跟別人合夥擺攤，賺外快。他自認在生意上已經很成功，但在家人面前卻依然卑微。

「做那什麼工作，有沒有得賺啊？」「跟你講，講到你就只能搖頭啦！」「三天兩頭往外跑，是能跑出什麼成績？」

他在家人面前依舊沒有自信，常覺得自己很渺小，在感情中也是。他們的關係不曉得是從什麼時候開始變成這樣的，交往後他對太太呵護至極，但也常對太太的反應感到很敏感，很怕太太不愛他，很怕被鄙視，所以只要他覺得被無視或被質疑，就感到難受且恐懼，他很害怕太太不做任何反應，卻又拿不出什麼能讓太太崇拜或更愛他的方法。

他不曾跟太太表示他很缺愛，也從沒有表達過自己很害怕被鄙視，這些小劇場都在他的心中上演，但太太卻從來不知道，所以某一次，當太太又對他露出失望的表情時，他動手打了她，希望太太可以因此就範，多多尊重他的意見。他天真地以爲打了太太，就可以把她的注意力打回來，可是他這一打，卻只是把太太對他的愛給打碎了。他想要太太愛他、尊重他，卻用最不尊重的方式對她，所得到的結果除了失去愛之外，他一輩子都無法獲得太太尊重！就像他生命中的大人一樣，他們愛他所以一直叨念他，直到他讓大人都失望，他們就開始嫌棄他、排斥他、咒罵他、將他排除在外。這種混亂的家庭經驗，讓他搞不清楚自己要怎麼應對進退，只想著要變得很有用，於是他年輕時，就把太太給打跑了，挽回太太之後，想要她的愛也跟著回來時，早已太遲了。

也許是因爲他老了，需要人照顧了，當他再也打不動她，想起怎麼關心她、愛她、說自己的渴望時，太太早已心灰意冷，嫌棄和怨懟他都只是剛好而已，太太最想要的是保持距離。「死老頭，沒氣到把你活埋，就已經很好了！」只聽見太太在客廳看電視時，又咒上這一句。

為什麼我們總是重複過去的夢魘？

他對太太的依附其實是非常矛盾的，這一切跟他的家庭經歷有關。

我們跟主要照顧者的互動方式，形塑了長大後對戀愛關係的期望。對他來說，他小時候的經歷是非常混亂的，大人一下子期望他，一下子又認爲他是個丟臉的存在、將他排拒在外。心理學家瑪麗．愛因斯沃斯和約翰．鮑比建立的現代依附理論，主要是研究兒童和主要照顧者之間的互動關係。近期蘇．約翰遜在成人治療中運用依附理論，進行伴侶諮商的實務工作，之後也有人開始留意成人之間依戀行爲的相互作用，與兒童時期他和照顧者之間的相互作用有相似之處。

對於「明明想靠近你，卻又表現出拒絕你，還希望你能追過來」這類有強烈渴求的人來說，親近的方式就是把你推開，對於親近擁有相當複雜的情緒，以依附理論理論來說，是屬於混亂型依附的人，這類型的小孩從小被對待的方式很不固定，他們依照主要照顧自己的人來回應這個情境，但是如果照顧者是以一個很混亂的方式來對待，讓他們常處於不預期和驚嚇中，他們就會時時刻刻處於警備狀態，所以對於他們渴望的人事物，也無法有很一致的反應。

我們身爲人，在童年時期，大人說你是怎樣的小孩，明示與暗示之下，會形塑你怎麼看待自己，如果說孩子是用一面鏡子去形塑自己的樣子，那麼混亂型依附的孩子看見的自己樣子就會是破碎和不全的，便更常促使他們不安。

故事中的先生渴望太太給他親切、肯定的回應，卻又被過去的陰影籠罩，讓他更沒自信，於是先下手爲強，卻適得其反。惱人的自我懷疑常占據他的心，害怕被無預警拋棄，讓他感到慌亂，導致他對感情很不安，常常患得患失。對於太太變來變去的態度感到敏感，擔心他又會像小時候一樣被嫌棄，最終，他的自卑心態，也會引發對方的鄙視。

這種強迫性重複的人際模式，常會讓我們再次印證自己不可愛、不被愛、不值得被尊重、不再討人喜歡，有些人是在下意識中，不斷在「破壞掉別人對自己的信任——創造遺憾——努力修復關係」中循環而不自知。這種反覆讓自己受傷，再不斷尋求療癒的過程，就是強迫性重複的概念，佛洛伊德當時提出這樣的概念，指出嬰兒時期，孩子會透過不斷丟掉玩具再撿回來，象徵「媽媽不斷地離開，又再回來」的心理調適。

混亂型依附的人必須對自己的依附模式有所覺察，因爲他在被拋棄中得到某種再度被療癒的渴望和快感，當他得到渴望的愛後就會破壞掉，然後再次尋求，所以可想而知的是，他永遠得不到他想要的愛和尊重！

給心情一個歇腳亭

我們先進行以下幾個有趣的小問答：

你常擔心伴侶會嫌棄你嗎？

你會擔心在他眼裡，別人永遠都比你有魅力嗎？

在戀愛中向伴侶表達愛意有某些困難嗎？

你會害怕當你示弱，他就認為你不夠好嗎？

你會害怕只有你一個人在關注這段戀情，他不夠投入嗎？

你會擔心自己匹配不上他嗎？

你有喜歡依靠人，但又希望他不要靠太近的矛盾心情嗎？

如果對方出現冷淡疏遠的樣子，你就覺得完蛋了嗎？

當他對其他對象表示欣賞，你會感到要被拋棄了嗎？

你害怕被他遺忘？

在戀情中，你往往不太確定自己要什麼，只要在他身邊一切都好？

你害怕寂寞的感受嗎？

當他意見跟你不一樣，你就覺得要瘋掉了嗎？

有時候會莫名其妙地生他的氣，是因為太害怕會失去他？

對方的想法和情緒你都會很敏感嗎？

以上十五題都有程度上的差異，每個人的情況不同，假如有八題以上感到很符合，代表你在感情上，常感到不如人或沒有安全感，此時就可以去探索看看，過去的成長經驗中，你和爸媽或主要照顧的人的關係如何？他們最常跟你怎麼樣講話？他們是怎麼說你的？又怎麼期望你的？這些都是可以好好觀照自己的入口唷！

人會把自己關在洞穴，然後渴望陽光，瞥見陽光，又嫌陽光刺眼！

4 為什麼我們總是所遇非人？——逃避家庭責任的老公

「你怎麼可以這樣逃避家庭責任，每天都故意這麼晚回家？」

「妳爲什麼不相信我？公司就是加班到這麼晚啊！」

「才不是，你是故意的，從知道孩子有狀況開始，你就一直這樣。」太太邊說邊哭，她頹喪的表情，足以逼瘋先生。

「妳要這樣想的話，就隨便妳啦！」先生一個箭步走到主臥室去，用力把門甩上，丟下太太和小孩愣在原地。她不甘心的淚水潸潸落下，難以接受先生就這樣摔門進房，她對著緊閉且冰冷的門一陣狂罵：「孩子自閉症又怎樣，你怎麼都怪到我身上？難道你就沒有責任嗎？你最好給我出來！你管都不管，丟給我一個人是怎樣？」太太的沮喪，化爲一連串的怒氣，想逼先生出來面對。

只聽見站在身旁的孩子看到媽媽這麼大聲，不明所以地開始捶牆壁，孩子很單純，不曉得自己做錯了什麼，是不是又惹爸爸媽媽難過了。

每一次爭吵都會戳中她的痛點，從小孩的教養問題到小孩得到自閉症是誰的基因有問題，完全失去討論的焦點。她懊惱自己嫁錯人，更不捨孩子無助的眼淚。

她來自一個家族關係很緊密的家庭，從小到大，家族中的每個孩子就像自家的商品，被拿出來品頭論足，她非常討厭這種氣氛，更討厭家族聚會時，每個孩子畏懼彼此的冰冷感，她想要像在學校一樣，在家也可以自主發言，但總會被示意安靜，以免惹上麻煩，只要小孩和大人意見不一致，就會被帶到小房間關起來，她習得察言觀色，習得趨吉避凶，可是也變得非常壓抑，對她來說，她從來沒有叛逆過，更遑論與家人持不同意見。

但自從上大學以來，開放的學風、自由的風氣瀰漫整個校園，尤其是這位從來不理會別人評價的學長，更引她注目，跟學長一起出營隊時，總讓她感到很安心，他幽默、輕鬆化解尷尬氣氛、從不輕易比較批評，讓她傾心不已。她想要獲得自由，學長完全允許她；她想要擺脫被評價，在學長身旁她完全不用擔心。她常常想：「跟這樣的人在一起一輩子，應該可以非常愉悅，完全擺脫原生家庭那種『常常拿小孩來比較的機制』吧！」

白馬王子非神仙下凡，並不能解決我們生命中所有難題

於是，她人生中的第一個「叛逆期」發生在「結婚」這個階段。她和學長交往得非常順利，也決定將人生的後半段幸福交付給他，他幽默、大方、從不在意細節、不委屈自己、難以被掌握，對任何事情都抱以雲淡風輕的態度，更讓她篤信非他不嫁。

長年在家族聚會中被父母拿出來說嘴，這下子總算能有一線生機了，她想著：「可以翻轉我的人生，除了他，沒有第二人選了吧！」而學長也為獲得一位甜美可人、體貼的嬌妻感到滿足。

結婚不到五年，他們便喜獲麟兒，但卻在孩子二歲多時感到不太對勁，經醫生檢查之下發現他有自閉症的傾向，這讓她感到非常崩潰，可是先生不但沒有太多情感上的支持，反而有漸行漸遠的態度，逐漸讓她感到心寒。

她沒有發現自己想解決原生家庭的問題的心，也看不清先生真實的情況。當面

對壓力時，先生的幽默變成一大諷刺。原本善於化解尷尬氣氛，現在卻變成無法待在尷尬氣氛裡解決事情；從不輕言批評比較，但也不投入任何情感。她終於看清楚先生其實一直以來都是這樣，凡事採取遠離、逃避的態度，而她在婚姻中一廂情願地圓夢，希望可以找到不同於原生家庭的互動，反而變成一場夢魘。當孩子一出問題，先生就退場，也足足打碎了她想「用婚姻重生」的美夢。

往往所遇非人的自己

我們常擔心在婚姻中會「鬼遮眼」，嫁給不該嫁的人，所以會在婚前睜大眼睛，百般思量，只爲了不要所遇非人。可是怎麼在婚後，又遇上更大的阻撓呢？

當我們越不想複製父母婚姻和家族氣氛，就越容易小心翼翼，這本來是可以讓我們趨吉避凶的方法，就像是案例中的女性，爲了逃避原生家庭的緊密關係，被學長的翩翩風采、幽默樂天、無厘頭的化解尷尬能力吸引，更因爲學長對凡事不會太涉入，讓她覺得他跟原生家庭的感覺迥異且令她感到輕鬆，在人生第一個叛逆期，希望將人生賭對在學長身上！殊不知，學長在情感依附上之所以能給予這麼大的空間，是因為他本身就是個「逃避依附型」的人，他對許多有壓力的事情，都採取遠離迴避的態度，當他面對焦慮的情境，處理的方式就是幽默面對；對於無法解決的處境，處理的方式就是輕描淡寫地化解，這類型的人在壓力環境下是待不久的，他們不容易困擾自我，信念就是希望能盡快跳過惱人的情緒。

約翰．鮑比提出的依附關係指的是嬰兒和重要他人之間透過互動，建立彼此安全感的模式。在他的依附理論中指出，成人時期對重要伴侶的選擇，以及和家人之間的依附關係，都跟孩童時期息息相關，當一個人在嬰幼兒時期提出需求時，是否會被親近且回應，影響著他對人的預期。

他將人的依附模式分成四種類型，分別是「焦慮矛盾型依附」「逃避型依附」「安全型依附」以及「混亂型依附」。伊利諾州立大學的蓋瑞．克雷西和心理系的馬修．麥金尼斯合作研究依附關係中的衝突，結果發現安全型的人比較能夠了解伴侶的感受，專注處理眼前的問題。

對焦慮矛盾型的人來說，他們害怕當自己有需要時，伴侶可能不在身邊，但是，對逃避型依附的人來說，雖然他們也會感到不安，可是採取的方式跟焦慮矛盾型是完全相反的方式回應，他們會更壓抑情感、防衛性地保持獨立自主，採取疏離戰術、遠離衝突，但這對焦慮型的人來說，簡直是不可理喻，疏離彼此的關係，會讓焦慮型的人更加敏感。

在人際歷程上來說，我們早年的依附模式，會在壓力情境下變成應付焦慮的生存之道，所以面臨壓力情境時，我們選擇的面對方式，常會是用我們最熟悉和最習慣的方式去因應，這樣的方式可以讓個人減緩焦慮的心境，卻也可能造成彼此的誤解，因爲當雙方都不滿足時，焦慮矛盾型依附的人就希望對方能夠伸出援手先給予安撫，逃避型的人則希望可以先讓自己的心境緩衝下來，遠離衝突以策安全，所以在衝突點上，常會讓雙方產生更多誤解和說不開的結！

給心情一個歇腳亭

依附觀點提供了我們面對壓力情境更多元的認識，也讓我們更有彈性地看見，每個人獲得滿足和需求的方式不同，且不同依附類型的人是可以彼此相互了解的。

所以，直接且有效的溝通很重要，若以上述案例為例，也許可以說：

「當我看見你每天晚下班的時候……」

「當每天孩子在找爸爸的時候……」

「當你轉身離去的時候……」

「當你認為孩子出問題，而想置身事外的時候……」

「當我們之間的溝通出現裂痕的時候……」

唯有提出確切的溝通，才能知道對方真正的態度，你要知道，堅定地說出自己的立場，是每個人的權益。

把善感放在日子裡，釀出一杯關於情感的茶……。

5 為什麼人總是得選邊站？
——複製人生遺憾的小三

「老婆，今天來抓藥的又是個冤大頭，我跟他講這次的草藥很珍稀，他就會立刻買來替他爸治病，眞是傻子一個。」她的爸爸是行腳天下的密醫，喜歡蒐集珍奇的草藥，但其中最大的收入來源卻是拿不怎麼有用的藥草在賺人的恐懼錢。「我跟你講，你如果沒吃啊，病就會惡化。」「母湯啦，身體是自己的，你要多注意！」他常在外面賣弄藥草學識，在家又常喜孜孜地說他騙了哪個冤大頭買他的藥。

「老公，這種缺德事少做，他們抓藥是拿去給家人治病的，又不是吃保養的，你不要這樣子。」一旁面露憂慮的媽媽這樣說，但爸爸卻聽不下去。

「妳不要每次都唱衰我，也不想想家裡的錢怎麼來，還不是靠我這樣騙吃騙喝，不然妳哪來的錢花用？」每一次，爸爸一講到這裡，媽媽就會閉嘴了。

她從小看爸爸靠一張江湖術士的嘴，到處行騙，她看不起他，更看不起總是沉默無聲的媽媽。面對這對無能父母，她極力想逃離這個家，想靠自己腳踏實地地去工作賺錢，租一間房子以便脫離這個鬼地方！

從小，她就是家中最替媽媽仗義直言的孩子，即便冒著激怒爸爸的風險，她都想爲媽媽說上幾句話，就算換得爸爸的幾句羞辱或幾個巴掌都無妨。她不畏懼爸爸失望的表情、震怒的狂吼，但她受不了的是媽媽的勸架和容忍，因爲爲了顧慮媽媽的妥協和心軟，她幫媽媽打的仗只能打到一半就撤退，搞到後來整個家庭的衝突也越演越烈。

她不畏懼切斷父女關係，她爲媽媽出氣，也爲自己出氣，一方面氣媽媽不爭氣，另一方面也氣爸爸的跋扈和不理性。

她對他們總是大小聲，希望可以藉此召回他們的理性和自尊心，逼他們回到父母的位置來管教她，可是這對父母往往只回應一半——只有在管教她的時候，拿出父母的職權，其他時刻都很無理。她沒發現自己的策略是失敗的，長期下來，只換來鄰居覺得這女孩子既不聽話，個性又倔強的風評。

她常常賭氣地心想：「不然就斷絕關係啊，怕什麼？」「要不是還得靠你吃飯，我早搬出去住了！」「當個父母，有點自尊心好不好！」「沒能力教還要生小孩。」等批判。

一心鄙夷父母，最終落得連自己都鄙視

在她心裡，沒有爸爸也沒有媽媽。

每當她這樣想的時候就特別脆弱，也特別有力量，因爲，她得瞬間長大，解決他們之間的爭吵和糾紛，但也因爲年紀還小，只要一擔任起判斷誰對誰錯的判官，最終都會被無視。此時，她會覺得一定是因爲自己還是個小孩，沒有權力，才會變成這樣。於是她在心中默默下了一個決定：「我長大之後，一定要變成一個有用的人，讓你們都啞口無言。」所以她努力讓自己變得很完美、很能幹，只爲了哪天羽毛豐厚了，可以買張車票離開這個家。

這期間她遇見一個完美的男人，有車、有房、有太太、有小孩，被這樣的人追求，老實說她一開始也有點錯愕。

她覺得這個男人什麼都完美，唯一的缺憾就是娶錯太太。每一次男人向她抱怨

太太時，她就覺得這個男人好可憐，人生如此圓滿卻有一個「身邊的女人不夠格」的遺憾，這讓她喚起了內在的英雄主義以及她對女性無能的不屑，她瞧不起男人的元配，進而想要取而代之！

她沒有發現，在她心底瞧不起男人，也瞧不起女人。她的獨立自信，建立在憐憫男人和鄙視女性之上，最終被權力所迷惑。她一心合理化「人生中一定有完美的存在，妳看那男人這麼完美，就敗在太太的手裡，多可惜！」她沒有發現，自己已經涉險進入第三者的風暴，膨脹著自己有多完美的同時，爲解救男人的困境，赴湯蹈火再所不辭。她的企圖很遠大，就是讓這個不完美的世界，變得完美無缺。

她不知道當男人找她訴苦，已然充分滿足她大女人的拯救心態，更不知道她從小當救火隊當上癮，面對這種危險邊緣狀況，大家都是害怕騎虎難下，她卻樂得騎虎打仗，越陷越深……

她不覺得自己哪裡有錯，只覺得拯救他這個任務非她不可。她沒發現自己正在瓦解她驕傲的自尊，一直以來訴求理性、能幹、仗義執言的她，居然在這裡栽了個跟斗，誰都無法拉她上岸。她將愛和權力，牢牢綁在一起，明明走在錯誤的道路上，卻義正嚴詞地合理化自己所有行爲。男人的鼓勵猶如神靈附體般，讓她去脅迫另一個女人也不退卻，她沒有反思的餘地，因爲過去她太渴求被認可，一旦有人給她這樣的好處，她就會爲對方付出一切。

其實她只是跟自己過意不去，在過去無法解決的家庭困境中，她從來沒有被認可的時候，在沒有跨越的人生傷痛中，不斷想透過奪權，找到愛和權力的全新位置。

她愛的其實是特定的困境

其實，她不愛這個男人，只是愛這男人替她創造了一個困境，再給她一些鼓勵、爲她出了一道難解的謎，並不斷肯定她是解謎高手。她對這些困境上癮，更從中獲取獎勵勳章。

人際歷程引用了「非理性信念」的認知治療學者阿爾伯特．艾利斯的概念，認爲有兩種信念，最容易引發一個人鋌而走險：當一個人「被喜歡和被愛」的渴求和「我很有能力」綁在一起，愛就會夾雜著權力鬥爭。這種人認爲自己隨時都要被生命中重要他人贊許，然後在任何時候都得展現出自己的能力，才會被愛。

當這兩個信念綁在一起，就會容易讓一個人在愛情中盲目，被另一半的鼓勵和謊言蒙在鼓裡。因爲說穿了，這種戀愛並不是愛對方，而是愛對方眼裡的自己，這種自戀心態無法靠自我肯定來完成，那就得丟到另一個人身上，靠他來完成，像是寄生蟲得有宿主般，需要被餵養，當宿主不再給予養分時，就得換個對象來滿足這些心理索求。於是這種錯誤的認知，排除道德的邊界，變得「因爲愛」而理所當然、堂而皇之。其實這些信念都來自於過去在家庭中不圓滿的狹隘認知，而這種心態也遲早會幻滅！

試想，這樣的戀情組合是一個人挑剔刁鑽，一個人亟欲求勝，結果必然是彼此都辛苦，也會因爲不完美而有所不滿，當雙方結合在一起，要不就變成一種良性競爭，要不就是惡性競爭，喜歡險中求勝的兩人，會變成攻擊彼此不完美的對象，在雙方都有完美執著的同時，都被「對方期待你怎樣」的虛榮心箝制住，變成兩人牢籠還沾沾自喜。

這兩個人的眼裡從來都只有自己，他們挑剔著彼此也稱讚彼此，他們覺得彼此緊緊相擁，卻也感到孤單寂寞，因爲他們自尊心太強，認爲對方這麼完美而決定喜歡對方，卻沒發現他們在人生中想爭氣、有面子，都只是想從對方身上去解決自己的自卑、挑剔和不完整！

心情一個歇腳亭

小時候，你最不能允許的是什麼？

□語無論次

□言之無物

□表現拙劣

□行為蠢笨

□動作緩慢

□口無遮攔

□技不如人

□感性多言

□太過脆弱

□愛哭黏人

□＿＿＿＿＿＿

□ ＿＿＿＿＿＿

□ ＿＿＿＿＿＿

□ ＿＿＿＿＿＿

在我們的戀愛或婚姻關係中，最容易看見自己的黑暗面，因為我們都是拿著黑暗面的羅盤去找尋另一半，當我們不准自己口無遮攔，卻發現這人風趣幽默，就算口無遮攔也無傷大雅的時候，就會被吸引；當我們否認自己愛哭黏人，卻在大哭崩潰的時候，被那人一把擁入懷裡，你是否覺得人生中一直想遮遮掩掩的部分，完全被包容？當有人對我們自己都無法接受的部分，投以喜歡和欣賞，你會不會瞬間覺得這就是戀愛了？

所以，在愛中保持覺醒是很重要的，當我們的黑暗面越多，越希望被扒開來好好照顧的同時，你也可以把自己當作是重要他人，先好好觀看這些不聽明、不被接受、不理性、無厘頭的部分，也許這些都是我們想修改原生家庭的記憶，但也別因為想修改，就否定了這部分也很可愛的自己啊！

我們要趁年輕，發覺人生中的缺憾也好，待改進的部分也好，總之要給自己機會，再一次跟自己重修舊好！

6 為什麼我們總是用拙劣的方式愛人？

——責怪別人無上限的老公

「妳不覺得小孩上學後一直感冒，老師很有問題嗎？」

「老師一個人要管這麼多學生，你能怎樣？」

「都這麼嚴重了，爲什麼妳還要幫他們合理化？」

「我沒有在幫他們合理化，我反倒覺得是你愛怪東怪西的。」

「每次講話妳都站在別人那邊，就是不支持我！」

「是你很情緒化，還怪別人？」

家瑜和永漢的兩個孩子在上學後，輪番被不同的病毒侵襲，所以家中常有這樣的爭執，永漢最常問家瑜：「小孩爲什麼會一直發燒？」家瑜就會覺得是永漢在找碴，不耐煩地回答：「送去學校本來就會生病，你沒看別人的小孩連戴著口罩都會生病了，更何況是我們的？」她的不耐煩是有道理的，因爲已經不知道回答過幾次這種問題，每次對話都像在鬼打牆。

「不管怎樣，學校一定要處理這個問題。」每次聽到家瑜那樣回答，永漢就會開始生氣。

「學校是一定會處理，但遇到你這種恐龍家長，我看他們也不想理你。」家瑜也越說越氣，覺得永漢很不講理，也不甘示弱。

「好啊，都妳對，妳很會幫學校說話，以後他們生病都不關我的事。」

「不稀罕你那幾毛錢啦，醫藥費我自己出，小孩也乾脆跟我姓啦！」

家瑜不滿地離開客廳，剩下兩個面面相覷的孩子和氣呼呼的永漢。

到底是你找麻煩，還是我不講理？

我們常講的「狗咬狗，一嘴毛」，彼此一來一往沒有聚焦的胡亂引戰，吵到最後常讓關係失焦。

其實，雙方你來我往之間，都不敢去觸碰心裡面那最核心的恐懼和期望。家瑜在孩子生病時，身爲媽媽的她，應該也感到相當焦慮和無助，所以每次永漢問她問題，她都覺得被戳中其無助的點，而如果她的依附模式是當她越感焦慮時，就越不容易表露眞實心情，那麼她的焦慮永遠不像永漢這麼外顯且善於提出要求。

當永漢發現家瑜似乎沒像他想的這麼投入且焦慮時，便會解讀成「家瑜不像我這麼重視孩子，所以得要更誇張地表露出我的重視。」於是，當永漢提出要求時，表現方式就會加乘，而這種「加乘」的做法，就會引發家瑜更多的不安，更覺得永漢不可靠。到最後，家瑜和永漢就會卡在一個覺得「他不可靠、要失控了」的情況下，另一個就卡在「你並沒有跟我一樣重視」的無限循環裡面。

家瑜擔心整個情況會失衡，就更想讓永漢停止他的說詞，並且不希望再聽到更多充滿無力感的話，但永漢無法理解也不甘示弱，變成一直講道理和不斷詆毀家瑜，造成兩人之間極大的落差和誤解。

這在學理上我們常說是一種「負向的互動循環」，在這個過程中，你會發現雙方都是彼此的刺激源，當永漢說「妳不覺得小孩上學後一直感冒，老師很有問題嗎？」這句話的時候，也許他的意圖是「我認爲老師沒盡心照顧我們的孩子，讓他們不斷感冒，我很心疼，我們該怎麼做？」從「你不覺得……」到「我認爲……」

會減輕家瑜對事情的參與度，但也給家瑜空間想一想，如果一開始就採取要家瑜「參與式的說法」，家瑜某部分就扛起一定也要強烈回應的責任，表態自己認不認可，當雙方的溝通卡在表態認不認可、非是即否、非黑即白，就容易變成爭論和辯駁。一旦進入爭論的循環，雙方就會感到離彼此很遙遠，更難碰到彼此的眞心。

然而，互動循環是有解的，因爲每個人說話的方式不同，但時間拉到長遠，基於對彼此有足夠了解的情況下，不見得聽得懂對方眞正想問的，但這樣要多少個失焦才能觸碰到眞心，每對伴侶就得賭，最簡單的方式就是把「你不覺得……」「你看怎麼做？」這種說法，轉變成「我們可以怎麼辦？」「我們一起想辦法。」當「你」轉化成「我們」的時候，雙方就比較容易成爲彼此的支持，進而避開關係地雷，讓討論更聚焦。

給心情一個歇腳亭

因為親人之間的真心話不好說，所以更要耐著性子說，讓我們進行一個小練習。永漢和家瑜的對話，我們可以拆解為兩個部分，第一是表面行為、第二是依附（我需要你……你需要我……）的訊息：

永漢		家瑜	
表面行為		表面行為	
一直說自己認為的道理，一直爭。被反對就一直罵家瑜，撤回關愛。		一直阻止永漢情緒化，變成看似一直幫學校講話。	
依附訊息		依附訊息	
不被重視	○	不被重視	○
被拋棄、被放棄		被拋棄、被放棄	
不具魅力		不具魅力	
失去影響力	○	失去影響力	
失去控制		失去控制	
被拒絕	○	被拒絕	○
不被接受		不被接受	
不被愛		不被愛	

不被理解	○
不被重視	○
被視為無能	○
對他人的看法	
我沒錯，為什麼她會這樣看待我？	
對自己的想法	
我真糟，沒人願意了解我。 我搞砸了，算了！	

不被理解	○
不被重視	○
被視為無能	
對他人的看法	
我又沒有要逼他，他為什麼要誤會我？	
對自己的想法	
我好無能，我該怎麼辦？ 我搞砸了，他又不了解我了。	

你有沒有發現他們的表面行為很不相同，但依附訊息很相像？

對永漢來說，他不想覺得家瑜是因為本性惡毒而不關心孩子，所以一直提出意見；家瑜不想持續對永漢感到失望或者覺得他固執、難以溝通，所以就一直幫學校講話。

但其實雙方在意見不合的表面上，看似貌合神離，其實內心都期待被對方重視和認為自己是有能力改變一切的。

有多少伴侶都是在這樣的誤解中失去溝通了，對他們來說，持續情緒化和爭執，都不是自己想要的結果，而一邊爭吵，其實是一邊在吶喊哭求著：「拜託，如果你真的愛我，就先暫緩讓彼此面目可憎的戰火，平息這一回合吧！」但雙方卻又都不甘示弱。

檢視你和伴侶之間的一項爭吵事件，是否也像以上的情況呢？也許我們可以為自己的關係狀態，做個依附訊息的檢核喔！

對象A	
表面行為	
依附訊息	
不被重視	
被拋棄、被放棄	
不具魅力	
失去影響力	
失去控制	

對象B	
表面行為	
依附訊息	
不被重視	
被拋棄、被放棄	
不具魅力	
失去影響力	
失去控制	

被拒絕	
不被接受	
不被愛	
不被理解	
不被重視	
被視為無能	
對他人的看法	
對自己的想法	

被拒絕	
不被接受	
不被愛	
不被理解	
不被重視	
被視為無能	
對他人的看法	
對自己的想法	

做完以上的表格，你對彼此的關係有何新發現？

你的心境和對方一樣的地方在哪裡？不一樣的在哪裡？請圈選。

真心話不好說出口，抱怨的話較有力量，傷人的話更具摧毀力，你可以重新拉出共同點，和對方溝通出彼此的心意。例如：

我知道你＿＿＿＿＿＿（想要被重視），我們都＿＿＿＿＿＿（捨不得小孩受苦），你提出的＿＿＿＿＿＿（對醫療人員的質疑），也許可以有更積極的作法是一、＿＿＿＿＿＿二、＿＿＿＿＿＿（一、換一家醫院，二、向老師反應感染的問題）。

你只是走在單行道上，回頭瞥見過去種下的傷。

7 為什麼我們總是重演過去的無奈？

——老是壓抑自我的先生

「我都做到這種地步了，妳還想怎麼樣？」會讓先生說出這樣的話，其實很難，這都是日積月累的壓力造成的，先生今天終於首度發難。

「沒有要怎樣，我只想要你早下班，這樣有錯嗎？」

「早下班是我能決定的嗎？」

「你沒事也待在公司玩手遊吧，這個家有這麼難待嗎？」

「妳在家都在想這個啊？腦袋壞去了是不是？」

「我就是覺得你對家沒心，可以盡早下班不行嗎？」

「老子在公司做牛做馬，回家還要被妳嫌，是要逼死我嗎？」

這是他第一次爆發，每一次回到家，太太的酸言酸語都讓他難受。他總覺得太太被他寵壞了，一直以來他不想讓太太擔心，都表現得一副上班很輕鬆的樣子。他希望太太覺得他能力好又勤奮，每天一回家就會立刻弄小孩的尿布、打理家裡的一切，隔天因爲沒睡飽，掛黑眼圈上班，在公司廁所偷睡覺補眠。

他寧可累自己，也不想累到太太。

在第一個孩子來臨後，他們不但少了夫妻間的情趣，還多了在教養方面的意見分歧，和對方無限上綱的要求及不滿。因爲孩子的到來，過去他們之間的默契得砍掉重練，反倒要適應新的三人生活，他常覺得早知道生了孩子就要葬送這麼多的快樂，換來和太太之間這麼多的衝突和爭吵，那他寧可當頂客族。

可是當這樣想的時候，看到眼前的孩子嘟著小嘴，又覺得罪惡感十足。

每一次，聽到太太轉向孩子的溫柔，轉過來卻頤指氣使的樣子，他感到難受又氣餒，覺得自己怎麼做怎麼錯，哄孩子也哄不來，好像幫不上忙，只能當局外人，況且他的努力，從來就沒讓太太滿意過。

當他越害怕，就越容易做錯事，想回嘴又怕傷了太太的心，於是，他常常把難聽的話說到嘴邊就吞了回去，希望自己不要這麼衝動。「老公就應該要讓老婆開心」，但是他讓身邊的人開心，自己開心嗎？他不敢想，他只想到現在太太又不開心了，他做得好，得不到稱讚和尊敬，做不好只會換來白眼和惡言相向。

他眼睜睜看著太太變成惡婆娘，卻無能爲力改變什麼。想起當年他想要脫離跋扈卻壓抑的媽媽，一心想要找個獨立自信的女孩帶他從家裡出走。他極力討好這女孩，畢竟，他感恩女孩帶他離開家，只要女孩開心，他就開心，她是他的全世界，有貢獻的人生是最該喜悅的。

可是現在女孩跟媽媽一樣難討好，對他有諸多不滿和埋怨，當太太有越來越多的要求，就讓他更像個壓力鍋，越有壓力就越裝作若無其事，結果換來的是太太更加跋扈的態度，他常覺得自己不被欣賞，不被看重，總是默默承受和承擔壓力，原本以爲婚姻能帶他脫離媽媽的掌握，卻掉進另一個媽媽的五指山中。

過去的鎖鏈，讓他活出讓大家都開心的人生

壓抑的他，依然想要被太人認可，就像當年他渴望媽媽的眼光那樣，他希望獲得尊敬，獲得讚許，可是在孩子出生後，每一件事情都是新的，他的不擅長處理人際關係，新手爸爸的兩份焦慮，讓一切變得失控。

他不准情況失控，他深知夫妻不睦會造成多少家庭的悲哀，因爲他就是其中之一。當媽媽和爸爸長年分開，媽媽得一肩扛下許多壓力，她不准自己哭、不准自己鬧，只需要把小孩管好，於是當一位媽媽聽不見心底的哭喊，她就聽不見孩子的哭聲。她不准孩子有情感的需求，就像她對待自己那樣，當她切斷感受神經，意外地也麻痺了孩子的情感需求，他們都活成要讓大家開心的人生。

可是當他將自己的快樂構築在別人的快樂上，本身就是件危險的事，也因爲過去的習慣而綑綁住自己，他害怕不被讚美，卻在被讚美時覺得自己不値得，在這樣子的拉扯下，讓他逃脫不出過去痛苦的鎖鏈，即便他有怨言，嘴裡說的還是對方愛聽的話、讓對方開心的事，這樣日積月累，一旦吵架，連話都說不清楚了，害怕別人不悅的神情，是他壓抑的來源，但無法承擔不悅，就讓對方更摸不到他的心，阻礙了親密的道路！從小放棄自己的感受，就像將自己遺落在過去的時空，閉上眼不敢看自己的感受，更難接受對方有感受，看到眼前的孩子，他覺得很吵，很想叫他閉嘴，但這讓他更覺得自己是個糟糕的爸爸……

沒有坦誠相見，就沒有親近彼此的機會

當我們對童年感到無奈、無力抵抗，這些狀況很快就會形成一種自我防衛機制，這些自我防衛是幫助我們生存下來的方式。一個人如果沒有這個機制，那些痛苦可能足以把人逼瘋。

然而，「否認的初期」就是把自己一分爲二，有些人會試著把自己變得更卓越、更有能力，但內心眞實的感受其實是害怕、驚惶且迷失，因爲害怕，所以我們把這個部分封鎖起來，如果只是暫時放在一邊，等待時間處理，自然會有出口，但有些人會將這種狀況變成一種減壓的昇華力量，讓痛苦變習慣，讓習慣變成自然，長時間下來他就會更加否認自己眞正的感覺，一旦如此，內心就會更難受，卻持續硬撐，漸漸地會覺得這樣的硬撐，好像也是女中豪傑、男子氣概的展現，最終演變成「我不需要別人」「談感覺沒用」的結論，但其實卻也默默哀怨著「沒有人了解我」「我得靠自己」這種一分爲二的內在狀態。

可惜在親密關係中，如果沒有袒露眞實的感受、沒有冒險，就難以親近彼此，因此這樣壓抑的狀態，足以在親密關係中變成隔閡，在日積月累之下阻礙了彼此可

以接近或更理解對方的機會，在下一次的爭執便具有某種程度的殺傷力。

所以，當我們不希望別人看穿內心世界的同時，一方面就先隔絕了自己的感受，認爲自己很奇怪，更難以承認感覺很重要，將自己推往一種過度理性的狀態，甚至是排拒去感受，進而認爲有感覺很奇怪、很可笑，或者自我解釋爲「不夠強的人才會有脆弱的感覺」，如此一來，就更害怕被批評和評論。

如果我們的父母，待在這樣的狀態，就更不允許孩子有自己的感受，一方面是覺得沒必要，另一方面可能也會嘲笑孩子的心情。當孩子感覺到被評論，就更容易感到羞愧、不夠好，如此一來，在這個家，情緒就更不容易被表達，演變成「談論感受的後果是被嘲笑、被挖苦，倒不如不要說」，於是這樣的壓抑心態，就意外地代代相傳了下來。在親密關係中就更多，當你的伴侶不准自己有感受，當他面對你的脆弱和袒露時，會冷嘲熱諷或者阻止你袒露，這都是種防衛心態，更是他「不准自己有感受，所以不允許別人有感受」的展現。

是你讓現在重演過去的場景

於是一而再、再而三的羞恥感、自我厭惡和自我輕蔑，就這樣傳遞了下去，感染身邊的人也變得不准難過、不准不夠好、不准脆弱，其實是我們承受不住自己的感受，也承受不住他人的，也是我們讓過去的情境復活，透過強迫性的重複行爲，爲享受快樂創造了相同的悲劇條件。重複的強迫性行爲是一個很好的機會，當現實情境中的情感一旦體驗並清理之後，這種強迫性就會消失了。

如果這個機會沒有被善用，那麼強迫性的重複行爲就會持續，衝突不會變少，只有衝突的表現形式會有所不同。

給心情一個歇腳亭

親愛的小孩，我們不必害怕衝突和起伏，因為它們都是人生的一部分，每個人每一天的每一個時刻，都有不同的心情起伏。像是籃球比賽輸了，感到懊惱；得獎了，感到驕傲；和同學間產生誤會，感到沮喪，這些都是自然的事情，曾幾何時，這些感覺不再能提了？曾幾何時，我們變成沒有感受的大人……邀請你閉上眼睛，給自己幾個深呼吸，請你慢慢地吸，再慢慢地吐氣，感受著這一呼一吸之間，內在充盈著氧氣的舒暢，感受活著的感覺，我們不只活在理性這一邊，也有感性的那一面，我們有悲傷、有喜樂、有苦悶也有愉悅，請你抓住現在內心悄悄升起的感覺，如果感到羞恥，就讓羞恥出來，感到難過，就讓難過上來，情緒的流動就像潮水的起伏，有進有退，而我們也在這一呼一吸之間，讓隱藏的感受充分上來，重新與自己相知相遇……

每個人的人生故事都隱含著隆重的禮物和準備被回收的物品，就在一天的代謝裡，自然地流轉著。

8 為什麼我們要合理化自己的愚蠢行為？

——自卑的女人與自戀的男人

「喝啦喝啦！」他喜歡每個應酬不回家的夜晚。他視妻子爲無物，可是這傻女人總是一心向著他，爲他著想。

「老婆，今天有廠商請吃飯啊，不得不出席，晚點回家啊！」他還沒等老婆回覆，就先把電話掛掉。

基本上，他只是報備，不是要獲得同意。這麼囂張的原因是明白老婆雖然埋怨他一心向外、很晚回家，但也默許他回到家自吹自擂的樣子。當先生不在家的時候，她都告訴自己：「他應該是去談公事吧？」「期望我們家生意可以越做越大！」她都會跟孩子說爸爸在外打拚，不久後他們家就會發大財了，要孩子好好念書，不要讓爸爸擔心。哄著哄著，捧著這個盼望，好幾年就這樣過去了。

內在匱乏的女人支持著膨風的男人

她在原生家庭中是長姐的角色，長姐如母，從弟妹出生後，就不被允許有任何需要，她得爲這個家庭犧牲，要以大局爲重，才是好長女。

她也不是沒要求過關愛，但只要她一有需求，就會被父母說是「自私」「只爲自己想」「沒同情心」她常壓抑自己的想法，話老是到嘴邊又縮了回去，擔心多說多錯，害怕被說不負責任、不爲別人想。這樣自卑的女人，支持著這個自戀又膨風的男人，她常常一個人在家默默把家事都做好，等待把孩子接回來的時刻，日復一日，直到將小孩哄睡後，又得忙著溫醒酒湯，看電視等先生回家。

待在男人身後，不斷合理化被無視的現實

她常常在心裡想：「先生好，我才會好。」

只要默默跟在他身後，將先生打理好就好，她也樂得跟鄰居誇耀老公多會賺錢，期待能夠受到他人的尊敬，讓小孩有面子。顧好家裡只是爲了讓老公出去走路

有風。她只需要盡責地把家裡管好，把嘴管好，然後安安靜靜地對老公投以景抑的眼光，兩人就可以相安無事。

同時，她也需要不同的讚賞，來自婆家的、鄰人的、朋友的、娘家的、孩子的，還有老公的，唯有這樣，她才有存在感。她耗費最多的能量在「別人怎麼想我們」「別人怎麼看」這些事情上，她會因為別人怎麼想，完全主宰自己的所思所想，然後懼怕著愛會消逝。

其實她老公也是一樣，對外是個優越感很強的男性，卻也是藐視自我到極點的男人。他在家的優越感來自太太依賴的眼神，其他的角色是一蹋糊塗，他禁不起小孩的哭聲、生活雜務的瑣碎，更難應付爸媽完全是伸手牌、太太娘家的眼光。

他看不起自己「只是個先生」的樣子，所以當太太要求他行先生的職責時，他就會吼回去：「妳沒看到我很忙嗎？」唯有透過壓制的方式，才能讓自我感到舒服一點，因為他可以不用狼狽地出去倒垃圾，也可以不用應付親朋好友惱人的慰問關心，更不用應付小孩的情感需索，他可以逃得一乾二淨。當他開始在太太面前逞威風的時候，就是他最擺不平內心焦慮的時候，他幻想自己可以事事兼顧，幻想自己是完美爸爸、完美職人、高薪一族，他害怕太太因為看穿他而離開他、害怕裝闊老闖的形象破滅。他一直都很害怕，所以一直在逃，這樣的心情跟青少年逃家、逃學非常接近，當他們遇見壓力，能逃則逃，而成熟的個體是可以找策略應付眼前的壓力，他們則無法！

內心的不平，要靠共生得以解決

伴侶的心中有多少的不平，就需要多少的慰藉才能解決。

太太需要先生撐場面，好讓自己內心的焦慮被擺平，感到生活有希望；先生需要太太默許他繼續耍任性，以便他可以找到更多逃避責任的藉口，他們的內心都非常不成熟，他靠擺架子的方式，找尋內心的平衡，而太太靠男尊女卑的傳統觀念，合理化先生的所作所為，圓自己內心對先生的幻想，以尋求她人生中最想要被呵護的依賴感。

有時候我們在戀愛關係中，愛的不是對方，而是自己想像出來的形象。太太透過傳統婦女的溫婉，來獲得外人對自己的認可，獲取先生的認同和疼愛；先生透過行使男尊女卑，以獲得男主外和膨風合理的絕對正當性。

你的一半不等於我的另一半

有的婚姻是這樣，兩人的內心，就像破碎的陶瓷娃娃，靠著撿彼此的碎片，勉強拼湊出一個家，一面撿，一面擔心風吹日晒雨淋，不讓它們再次破碎。依附理論告訴我們，焦慮型的成年人他們對於自我總是感到患得患失，因爲內心的不穩定性，常懸掛與過去重要他人互動的感受，他們很焦慮重要他人是否眞正關心他、愛他，會不會突然拋棄他、嫌惡他、離開他。他們的焦慮從幼年期開始就沒有停過，也因爲害怕被拋棄，所以對對方有更多的掌控，偶爾有不安的心情，但大多數的時候也安於被無視的現狀。

他們很難透過戀愛，去理解彼此的內心，更難透過家庭分工和對話，去討論、深化和平衡內在的各種焦慮。他們看對方都只有一半，支持自己的那一半，而忽略了「對方即便沒有你，也是個有意義的存在」的那一半。

是你教會對方這樣對待自己

在人際歷程的觀念中，特別重視原生家庭的經驗，因爲我們的習慣會形成某種特質，例如有些人依賴，有些人獨立，有些人溫順，有些人怕衝突，這些都是一種「特質」，在特質的強化下，會增強別人對你的「預期」，也就是在既定形象之下，別人就會這樣對待你，這種對待是種吸引，也是「你教會對方這樣對待自己」，常常依賴的人可能獲得喜悅，也可能獲得委屈，所以他會在喜悅和委屈之間擺盪，害怕衝突的人可能較不容易展現生氣，而常感到煩悶、無助，這些情感的擺盪，都是一種特質吸引的後果，在人際歷程中叫做「特質化情感」。

而這樣特質化情感，則會將人的命運定出一個基調，進而因爲這樣的特質，發展出「特質化的關係」。我們人人都對關係有一份責任，因爲，是你允許對方這樣想你、對待你，某種程度，也是你吸引對方這樣做的。

給心情一個歇腳亭

我們可以試著想像一下，假使故事中的女主角懂得做自己，劇情的走向會完全不一樣，先生可能還是會跟她爭吵，但也多了一點尊敬，也許不再這麼視她為無物，這都是關係會怎麼演變的不同走向，所以只要特質不一樣了，產生的情感也就不一樣了，故事的結局就也不同了，所以某種程度上，每段關係中，對方怎麼對待你，也是你允許他這樣做的。

你會發現，人的一生，是不斷地在重複。

9 為什麼我們總是選擇不適合的關係？

——早熟少女與永恆少年

「為什麼你結了婚還可以這麼不負責任？」這天，太太跟先生發牢騷。

「我有怎樣嗎？我不是什麼都有做嗎？」先生不以為意，沒聽懂太太說的。

「你只會我說一樣，你做一樣，沒說的就不做了。」太太實在累壞了。

老實說，婚姻中的分工，如果是這樣不主動，誰受得了？

「我警告妳，不要用這種語氣跟我講話！」先生最討厭太太這種抱怨，每一次聽到，情緒就上來了。

「不高興就不要聽啊！」太太丟下這句。

「那妳就不要講啊！」他認為太太有錯，沒話找話吵，真無聊。

結婚後，他們這種無疾而終的爭吵，常讓兩人鬼打牆，溝通不下去，從生活瑣事吵到態度，每一次都失焦，最後看誰受不了就誰做事。就連長輩看他們這樣，也不免發牢騷：「都是人家先生了，說那種話真的很沒風度……」

她聽到長輩的閒言閒語，也會感到厭煩，只是無法改變現況的她，也不由得對先生升起嫌惡感。

她知道長輩們不滿意先生，但一開始她就是喜歡先生這種瀟灑、無所謂的樣子，她喜歡他單純、不會想太多，對什麼事情都不介意，而她是個多愁善感、杞人憂天的人，每一次當她提出負面想法時，先生總是會說：「妳越這樣想，就越會吸引到壞事。像我都不去想，就不會惹事上身。」這種似是而非的道理，好像也能暫時安住太太憂慮的習慣。

太太原以爲先生是她的避風港，每一次當他提出不切實際的計畫，她一方面覺得他眼高手低，卻也欣賞起他的天馬行空，從這之中獲得她從未有過的快樂。

不想複製父母婚姻，卻掉進另一個關係地獄

她從小生長在父母外遇的家庭，她不想婚姻有觸礁的時刻，更不想孩子也面對

複雜的人生，因爲想到她自幼就得顧及身邊一群大人的期望，更要顧慮一家人各自的傷痛，她早就累了！

她默默地希望自己千萬不要步上父母的後塵，但對於愛情如履薄冰，停止不了莫須有的擔憂。擇偶的過程中，她害怕太過有主見的男生、太溫柔的男生、太會甜言蜜語的男生、條件太好的男生……東挑西挑之下，依然讓她感到不安，這男的嘴太甜、這男的想太多、這男生太會做人、這男生人緣太好，沒有一個讓她感到安全。

最後她選擇了天生稚氣、總是跳脫框架思考的他交往，他從不計畫未來，只求當下的快樂，幽默的反應、獨鍾於她的心意，讓她感到好安全、好放鬆。

她很珍惜和先生相處的時光，因爲他總是能跳脫現實面的問題，還能單純地逗她開心，在那一瞬間，好似許多煩惱都能化解掉，讓自己多勇敢一點點，好像人生還有很多可能性可以去闖，這是她人生中從未有過的感覺！

也許就是因爲這樣，她當時覺得最合適的人，就是這樣一位沒有時間感、永遠像個單純的孩童，不須密謀算計，不須想太多，想怎樣就怎樣的人。男孩的直覺很強，做事毫無包袱，只按照自己的想法行事，讓她覺得很厲害。

當她的男友跟別人吵架，她覺得他怎麼能這麼奮不顧身地捍衛自我主張，這在她人生中未曾發生，朋友們也說：

「妳男友好炫、做事情好瀟灑啊！」

「妳男友好敢講，講得又有道理，好迷人！」

「妳男友有想法又專情於妳，妳到底是怎麼圈住他的啊？」

先生婚前婚後一個樣，她的沒自信也是

老實說，她也不曉得爲什麼男友能接受像她這樣一位杞人憂天的女孩，但只要他們在一起，就能一起冒險、充滿活力，不用顧慮後果！

她早就受夠了從小當個顧前顧後的小大人、沒有聲音的懦夫，這種人生實在太煩了，如果能像男友這樣灑脫該有多好。即便婚後，先生做事情常常沒有規畫，天眞爛漫地像個青少年，她依然很迷戀。於是，她把對方的灑脫，想成自己可以紓壓放鬆的一部分！

沒想到婚後，先生「依然故我的態度」讓他們起了許多爭執。她覺得自己變

了，變得需要爭取公平、需要幫手、需要和對方協調，可是對方逃之夭夭，讓她對自己很質疑，直到她領悟了婚姻畢竟是兩家子的結合，更是由兩人一起分工持家的過程。

她原本天眞地覺得，這個男人應該會因爲結婚和她一起成長，從她選擇先生的那天起，她就願意陪著先生長大，畢竟，多年的交往，她耳提面命地教導他要成爲怎樣的男人，才能扛起一個家。只是她沒想過，如果男人有心，是不需要她教的。她以爲能改變他，其實並沒有。而總愛跳出框架之外，喜好自由和獨立的先生，持續著以自我爲中心的習慣。

爲了跳脫婚姻的框架，他將婚姻中的責任視爲挑戰，天馬行空的個性、不切實際的計畫、無法受到牽制和妥協、不想與日常低頭，讓他們意見分歧，爭執越來越多。先生越來越覺得太太沒辦法欣賞他的獨特性，更遑論要讓他繼續自由自在地過日子，而太太感到很無力，她渴望的不過是和其他人一樣讓未來的人生可以提前規畫，切合實際地和先生討論而不可得，怎樣都料不到婚姻會變成這麼勉強。

以快樂爲前提的兩人，都變得這麼不快樂！

另一半是互補好，還是相似好？

步入婚姻階段的兩人，都需要公平對待和付出，如果要拿婚姻來填補人生中的缺憾，必定會走上極端。

我記得有個案的媽媽跟我說：「我的孩子自從出生以來就被發現有發展遲緩的傾向，那刻起，我彷彿就和先生分道揚鑣了，我必須帶孩子去復健、做感覺統合的訓練，而他，依然在假日時去爬山、和朋友聊天聚會，彷彿不干他的事，我問他：『你怎麼能這麼置身事外？』他反倒是問我：『是妳怎麼變得這麼杞人憂天？』這讓我覺得我們在兩個世界，他不願意爲孩子有所調整和改變，他要自由，而我願意犧牲自由，變成我不選擇快活，反倒是活該受罪。」

「另一半是互補好，還是相似好？」這似乎是多年來在愛情和婚姻中爭論不休的話題。但無論是哪一種，可以肯定的是我們都想要挑到對的人。爲了解決原生家庭的傷痛，趨吉避凶的結果，往往可能會掉入另一個泥淖。也許因爲我們不認同爸爸或媽媽，選擇了互補型的人，或者認同父母任一方，選擇同類型，原本以爲不會重蹈覆轍父母的相處狀況，卻可能衍生出其他問題。

常人道：「婚姻是愛情的墳墓，也許公婆是殺手，盜墓是小三小王，離婚協議書就是放棄急救同意書。」婚姻中有許多天有不測風雲，是我們無法預測的，唯有和夥伴之間培養出好感情，相信殺手殺不了你們，盜墓者無法侵擾，也不需要用到放棄急救同意書，能夠長長久久白首到偕老，還感情好得不得了！在感情中最重要的是互相，才能彼此灌溉，當另一半對你夠好，而你也體諒他，一起冒各種風險，在共通處一起扶持，讓彼此保有空間，成就彼此，就有機會讓雙方都成長。

攜手度過漫漫人生路，從心境的轉變開始

文中的太太因爲太害怕婚姻中的意外，對每個交往者都變得敏感，最後選擇了責任感低、流於幻想，心理狀態還很青少年的男人，他的天眞爛漫帶給她輕鬆之外，最重要的是可掌握、可預期。

先生的狀態其實就是心理學家榮格提出的「永恆少年／永恆少女」概念，他認爲心理發展是一輩子的事情。青少年階段，我們需要認可自己成爲怎樣的人，如果在這個階段無法形成適切的自我認同，就可能持續不成熟，如此一來，即便外表

長大，但內心仍處於青少年的狀態，不但不成熟，更無法負擔責任，持續喜歡處於跳脫框架、擁抱天眞爛漫的個性，對現實有過多不切實際的想像，迴避對於行爲後果的責任。也因爲他們受到本能的影響，做事傾向直覺判斷、隨機不計畫的行動，較少考慮後果，認爲自己夠獨特，幸運之神一定會站在自己這邊，而傾向冒險的行動，常說要做一些事情，但常常是「未來」的某個時刻才做，並不是現在，於是他們的時間充滿可能性和想像！

這不就是青少年對於未來投諸許多期待的狀態，他們可以一天說要念電機系、一天說要念商職，變化和可能性是他們的必然，可以說「年輕就是本錢」。

只是，如果人到了三十至四十歲，仍處於這種狀態的話，他們的時間就會是中止的，也會繼續理直氣壯地作夢，覺得還有許多可能性會發生，不想跟大家一樣平凡，爲生活打拚、爲生活忙。一旦個人留戀於這個狀態，就難以進行個體化的歷程。榮格曾說這樣的永恆少年相信自己有特殊的命運，而且老天一定會眷顧自己，依舊稚氣和天眞爛漫，就很難進行分離個體化的過程。

他們的分離個體化不成功，就容易負傷，因爲他們不受制於常規和對於牽制感到厭煩，在團體生活和組織架構之下，很難隨興行事，就會感到綁手綁腳。至於長大這件事，尤其是婚姻裡有很多需要自我妥協和犧牲的事情，就會變成其罩門，他們必須犧牲自己的獨特性和迷人的特質，以及老天特別眷顧自己的想像，這些個體化的過程讓獨特性都變成陰影的一部分，當他們開始慢慢安於眞實世界中的平凡，了解其實沒有人是完美的，包括自己，那麼對自己和另一半的敵意才可能慢慢降低，逐漸接納自己的狀態，變成更成熟的大人，而不是被長大後的框架弄得忿忿不平，讓成長的代價侵擾他們的心。

剛好太太重紀律、盡責、有條理，這些負責任的作爲，正是永恆少年的陰影。如果可以看見彼此想成長的心意，並對於自己的狀態有所自覺，增加主動性和成長的動機，都可能能夠進行人生階段的轉化。

所以，你問是互補好還是相似好，其實是沒有定論的，況且我們往往在擇偶的過程中，會進行潛意識的配對，也許太太會因爲不安而矯枉過正地找永恆少年爲對象。若雙方都能進行轉化，就不一定是對或錯的選擇，其實夫妻雙方要進行個人成長實則要看彼此的相處、默契和意願來決定怎麼攜手走過漫漫人生路。

給心情一個歇腳亭

當我們都願意重新選擇時，改變就從當下開始

我們都不要被不安催促著長大，但也不要因為不安，就賴在原地不願長大。

在不要矯枉過正的情況下，我們一定要知道做出這個決定的來源：

你最期待過怎樣的日子？＿＿＿＿＿＿

這是基於家中的誰，引發你這樣的想法？＿＿＿＿

你的重新選擇，會有誰和你同路前行呢？＿＿＿＿

當心中的劇本是如此，記得和另一半核對，這是否也是他想要的，你們才有機會溝通出差異，以協調彼此的步調，也許我們都不是惡意否定對方，只是步調不同罷了，討論和協調差異處，找出共同努力的目標，與惡言相向相比，較有實質的意義和方向感。

也許我們都無法選擇原生家庭，但我們就是自己孩子的原生家庭，要怎麼相處，都是考驗著彼此的意願和智慧呢！

也許我們都曾負傷離開過，但轉身回到最初時，依然可以做個有愛的人。

10 為什麼我們總是真心換絕情？
——永遠沒自信的男子

「副總，不錯唷！之前才虧你五子登科就只差妻子了，今年總算是圓滿了啊！」

他身為外商公司的總經理，生活圈和交友圈一向狹隘的他，雖然不乏國外留學時的豔遇，但始終在感情上沒下文。大家都說他五短身材，要不是學經歷驚人、工作能力強，有外在條件加持，哪個女孩會看上眼？國高中時期他光是追求女孩，就常被笑癩蝦蟆想吃天鵝肉。

他和太太起初是在網路交友軟體上認識的，對方也是因為生活圈狹小，沒有固定的伴侶。身為空姐的她，常要飛往不同國家，沒有固定的生活作息更讓她的精神和身體出問題。婚前，他就發現老婆常常對別人發電，一個「唉呦」的聲音，就能讓男人全身酥麻。高中就是熱舞社社員的她，在婚禮那天更是大展舞技、大跳豔舞，驚豔全場，木訥的他只能在一旁呆笑，像個木頭人偶，和動感的老婆形成強烈對比。

大家一邊讚嘆女孩的魅力，一邊質疑怎麼會選擇一個木訥老公，簡直是天差地遠，但是，這些評價在她老公聽來只是別人的忌妒心作祟。

婚後，老公很疼她，讓她不需要做任何家事，而她也順勢將工作辭掉，在家當貴婦，家務事都交給傭人去處理。但日子久了，她也就疲乏了，於是，她常刷爆老公的卡、花光老公的錢也毫無罪惡感，在親友來訪的時候，對她有所微詞，讓老公有壓力時，只要被念個幾句，她就甩門進房間或者將家裡的珍稀品砸爛！

她不顧老公已經到達忍耐的極限，即便他早就板起臉收起憨厚的笑容，她仍然故我。再怎麼樣會容忍的好好先生，都會被她惹怒逼瘋。他從認爲她是可以帶出場的太太，開始出現不滿的心情，但他仍不斷隱忍這個囂張的女人。

接著她開始惡人先告狀，詆毀他在家是個一無是處的男人，癩蝦蟆吃天鵝肉，並拿他跟前男友們比較，不斷戳他最敏感也最沒自信的一條神經。他越來越覺得她不可理喻、一心向外，在一次的衝突中，終於壓抑不住怒氣，將她壓制在床頭上，將脖子勒出數條痕跡，太太也不甘示弱，馬上去驗傷且被醫院通報家庭暴力，好讓家暴防治中心來處置她先生。

他們都自卑又自大，男人覺得自己可以靠後天努力，掌握太太，因爲「連她這麼有魅力的女人都可以被我征服，就代表我很不簡單吧！」「我看從今往後，誰能看輕我！」「我相信有眞愛！」他談戀愛就像奪取亮眼的學歷，需要靠這些來撐場，維護卑微的自尊心；而她對他也是種征服，需要長期飯票，需要他像寵物般聽話，乖乖把大把銀子交出來。

他們之間上演了土匪和珠寶的關係，在奪取的過程中，忘記在親密關係的日常裡，大多數時候並非風起雲湧，而是涓涓細流的平凡日子，在高強度的刺激中，上演的只能是八點檔，不是一般的生活日常，於是彬彬有禮的先生變成家暴加害人，魅力無窮的太太變成家暴被害人。

親密關係是我們的一面鏡子

他未嘗跨越自己在成長過程中未完成的缺憾心態？在青春期因爲外觀的劣勢，

讓他不想去管人際關係問題，只過度關注在課業的表現，卻依然沒辦法獲得女孩們的青睞，青春期的他對女性有許多幻想，也有許多攻擊。對於自己其貌不揚的外表，他常想著如果能配上精緻美麗的臉龐，生下來的寶寶就會有優生學的效果，所以在關係中他不斷討好、隱忍，也不斷隱藏憤怒，直到爆發。

太太兇他時，他的心裡明明怒火中燒，但最後總會自動滅火，告訴自己：「我很偉大吧，倘若我可以駕馭這種不可理喻的女人，那我一定很厲害！」

在愛妻的表象底下，其實是充滿詆毀和征服的欲望，當他每一次對太太不滿卻隱忍下來，就覺得自我有很大的跨越。他喜歡在床上征服太太時，聽見太太淫蕩的叫聲，不管太太對他是否投注眞心，他都認爲自己非常有能力，在淫聲浪語中，得到莫大的成就感。他常常被表象的事物蒙蔽，從來不敢觸碰內心那個畏縮的自己，更不敢面對自己的沒自信，成長的過程中，他常常被交代「你沒有資格哭泣」「不能軟弱」「要強大」「不能輸」「你有什麼資格說累」「一將功成萬骨枯」「要把別人幹掉做肥料」這些跟別人比較的事情。

一心專注於「求勝」和「不敗」，讓他年紀輕輕就爬上副總的位置，卻也極其孤單。他無法觸及自己的內心，更吸引到一心貪財的另一半，他厭惡面對極度沒有自信的自己，更害怕面對太太其實只想要他的錢，從來沒愛過他的事實！

可以開始向對方表達不滿，是一種練習

我們在成長過程中，爲了解除焦慮，常常會將自己不能接受的部分丟出去。如果是單向地丟，就叫做「投射」，例如，我覺得別人都不喜歡我，其實是我也不喜歡自己。

如果只有單方面地投射，是個人的小劇場，這是沒有互動性的。但如果我將這個焦慮丟出去，而對方有所回應的時候，這個互動就完成了。例如：我對老師抱怨：「你偏心，你都不喜歡我。」老師說：「對，拿出你的表現，讓我心服口服再說。」我從老師身上印證我目前就是被不平等對待，我內心的假想抱怨投射，就被印證了！而對方也在這個互動過程中，吸收了「我害怕他偏心」的這個假想，眞的證明他就是偏心，不喜歡我，而我人生中最害怕的小劇場「你看，沒有人會喜歡我吧」就再度被驗證了！

拯救者和受害者的循環劇場破局

我們爲了避免內在的人際衝突，常會發展出一些方式來因應困境，也就是我們將內心小劇場的害怕投射出來，對方會有不同的回應，於是爲了避免我不想要的回應，就不斷維持某種人際互動的方式，以便對方用自己比較希望的方式對待我。

其中一種投射和認同方式叫做「迎合型」，這種人爲了讓自己和別人認爲「我有能力」「我會被愛」而不斷地犧牲自己，想引發對方對自己產生感激和內疚的感覺，進而回饋一些愛到他身上，以滿足他的成就感和拯救別人的欲望。

爲了得到愛和喜歡，我們從小就窮盡各種方式希望被認同。這是身而爲人都會有的想望，也唯有在付出愛與被愛的關係中，逐漸認可我們在這個世界中的定位。這些渴望並沒有錯誤，只有在我們用的方式如果僵化或者不思變通，就會出問題，所以故事中的主角在過去適應得非常好，也獲得非凡成就，唯有遇到現在的對象不適合再使用這樣「隱忍——爆發」的模式，才出問題。

對於擅長迎合別人的人，想要引起對方愛自己的方式，就是希望對方能因爲內疚或感激而更愛自己，但殊不知，若對方只想接收不想付出，就會導致失衡。過去我在社區接案的時候，有位太太常常忿忿不平自己在家中總是付出最多，卻是最被無視的角色，長年下來，她對姻親好、對家人好、對小孩好、總是將他們的事情當作最重要的，有一次她因子宮囊腫住院，想要喝到一口魚湯，卻沒有任何人爲她準備，她的心情沮喪到谷底，認爲在關鍵時刻沒有任何人爲她著想，因此感到憤恨不平，最後得到憂鬱症。

當自我建立在拯救他人之上

這位太太不擅長提出需求，所以沒有人知道她想要什麼，更難在她需要的時候，給予關鍵的協助。這些患者通常都謙卑順從也熱情服務他人，她希望透過重視別人的事情，讓自己也有一絲的重要性。在他們的心中裝進很多愛的人，而他們與人產生連結的方式就是透過我把你裝進來，了解你的需求，給你適當的服務，讓我在你心中有特定的地位。

有些人非常善用這樣的關心，讓別人感到無上的尊榮，也希望在對方的人生中占到一個特殊的位置。這種「給就是要」的關係，可以維持一陣子，但崩盤的時候，過度的給所帶來的怒意，也就是「眞心換絕情」，就會讓這個人也瞬間崩盤。

對於迎合型的人來說，如果沒有對象，或者對象沒有需求的時候，他就瞬間與對方失聯了，這是他最深的恐懼，因爲分離焦慮是這類型的人最大的關係黑洞，畢竟他們的人生價值，建構在滿足對方的需求上，如果對方沒有需求了，那他也就崩潰瓦解了。

給心情一個歇腳亭

親愛的孩子，當你發現自己的無助、脆弱有多強大，你的堅韌及勇敢就會有多強大！你要記得，無論如何，你都不需要活在別人的影子裡，你誕生到這個世上不是為了別人，而是為了修習「愛」這門功課。

在這條修練路途上，每個人都是重要他人，每個人也都是過路人。

我們的沾沾自喜之情可以來自他人，但此時此刻也記得保留給自己啊！

PART 3

親子關係篇

1 為什麼我們遇到父母總變得渺小？

——職場悍女的緊箍咒

「年紀也老大不小了，怎麼不找個對象結婚？光闖事業有什麼用？」

「媽，對象不是隨便找、隨便嫁就可以了，也得好好挑吧？」

「上次那個創投老闆不錯，妳怎麼不巴著人家，現在才在這邊說廢話。」

「他是有婦之夫耶，怎麼可能！」

「那企銀小開，妳也嫌？」

「他交友很複雜，最好不要啦！」

「我不管，妳總得找個像樣的男人嫁掉，哪有人老大不小的還不結婚生子，這些年，妳成就了什麼？」她蹶著嘴，想說什麼卻又收了回去，兩滴眼淚掛在眼角，委屈地說不出話來。

在此刻，媽媽眼裡的她，身影從巨大犀利的職場悍女，縮小成當年得交出漂亮成績單的小女孩。

她小時候在學校的課業成績表現十分優異，高中第一志願畢業的她，大學期間更留學德國政治經濟學院，回國後，一直擔任上市公司的創投重要幹部，許多人都羨慕她年紀輕輕，工作能力強、語文能力強、能幹、精明，對她來說，工作雖然繁忙，卻也如同小菜一疊，只要她願意，沒有什麼做不到的事，這樣的她，卻在幾次感情失利中，陷入憂鬱！

「妳就是不夠努力，壞運才會找上妳！」「不要跟我說讀書有多困難，讀書哪裡困難？」每當她跟媽媽提到學校課業和人際方面的委屈，媽媽就會拋出這些話，讓她不知所措地打退堂鼓。

她知道媽媽的要求總是無限上綱，對她的寄望也壓得讓她喘不過氣來，但是如果她繼續訴苦，就會得到更多的壓力和要求。

「不要來跟我講妳有多委屈，妳應該要想，妳要怎麼讓自己更強大。」

「不要跟我講妳有多失敗，我不就只是生個女兒，爲什麼要聽妳抱怨！」

「生活有壓力？我沒有嗎？妳憑什麼說妳的壓力很大？」

職場一把罩，社交感情卻一頭空

因此，她變成一個外在優秀，內在非常孤單又自我封閉的人。對她而言，人際關係，並不是她在職場上必要的手腕。她只針對必要的人卑躬屈膝，但對於不重要的人，棄之如敝屣，對她沒有幫助的人，更遑論交集。

雖然，她和同儕沒辦法交心，但鐵血手腕的她，也是業界有名的女漢子，她的字典裡面從沒有放軟和示弱，更不用說要她交付脆弱的心情。

這在感情上讓她吃足苦頭，她遞出一張又一張漂亮的成績單、語言認證的考核，獲取一樣樣財金管理人的資格，卻不足以保她的愛情一帆風順，如果沒有這些光環，她不知道自己還能拿什麼被愛，這讓她在愛情中不斷吸引到「生涯教練」「遵循對自己苛刻的導師」「霸道的經理人」和「不斷羞辱她的強權者」。

她在愛情中，渴望受寵被愛，卻無法不被掌控，無法不被要求，因爲從小，媽媽將「愛」和「要求」結合成一個緊箍咒。

一輩子活不出自己的「無臉女」

她從小就不被允許有自己的主見和聲音，有的是「媽媽認可的意見」和「委屈卻臣服的自己」，從小和媽媽相依爲命的她，早就把媽媽的快樂背在自己身上，包括穿什麼衣服、梳怎樣的髮型、交怎樣的朋友，她活脫脫是媽媽的延伸與配件！

於是，媽媽批評誰，她就幫腔著討厭誰；媽媽不准自己身材走樣，她也穿起緊身衣褲，避免滋長腰間肥肉。她是這樣雕塑自己，只爲了讓媽媽滿意，因爲她也害怕自己會像被媽媽擱置在一旁的物品，等著被回收的命運！

亮眼的女力，孤單的女人

這樣與媽媽緊密連結的關係，延伸到她和朋友相處上，她可以不理睬朋友的眼光，勉強自己獲取亮眼成績表現以獲得同學們的關注，可是在親密關係，就栽了許多跟斗。

「假若我被他看穿我有缺點，他就會不要我了。」

「如果我失去職場上的光環，就會被棄之如敝屣。」
「如果我沒辦法端出好表現，就沒有資格獲得愛。」
這些聲音在她心裡盤旋不去，於是她對誰都不放心，要不就是被分手時感到自己一無是處，要不就是先下手為強，解決眼前毫無進展的關係。

在心理學上，媽媽和嬰兒的研究有許多依附的觀點，二〇一六年在《臨床兒童及青少年心理學》期刊中，有一項來自亞利桑那州立大學心理學副教授瑪莉索·佩雷斯的發現，在這篇期刊裡一篇《五至七歲女孩對於身材不滿所產生的影響：一場社會學習實驗》中，他們觀察到光是媽媽和女兒一起站在鏡子面前，媽媽如何評論自己的身體，女兒就會仿效媽媽評論身體的方式。這項研究本來是做身體意象的研究，方式在於讓一組實驗組和對照組的媽媽，各自表述對自己身體的觀感，沒想到這樣的言語形容，卻意外地影響女兒對自己的觀感。

這位心理學副教授佩雷斯在一項沒有正式發表的研究中，也指出她蒐集了七十二名女性高階主管，觀察女性對自己的外貌感到的沒自信感，影響到她對自我認識的不安全感，如何影響自己在職場表現的自信心，近一半的主管表示，他們很在意別人對自己外表的想法，在社交和代表公司出場時會感到不自在。

在依附的關係中，我們可以從重要的照顧者那裡獲得愛和安全感，而且依據對方對待我們的方式，認識這個世界中的人、事、物，形塑我們對外在世界的樣貌。於是，在重要他人（不只是媽媽）的嘴中的「自我」也這樣一點一滴被建構起來。

對孩子來說，努力過後被回饋「你好努力。」「你好盡責。」「我知道你竭盡所能了。」會讓孩子看見自己努力付出的部分，相較於「你就是一無是處。」「你讓我感到很丟臉。」「我怎麼會生出你這種小孩？」等回應，也許孩子依然會因羞愧而奮起，但附帶的情緒是無能爲力、羞愧、自己很糟糕，沒有資格求助，甚至對於遇到問題，不願意跟身邊的人求援等不自信的退縮性格。

「表現好很應該。」「不是就應該結婚生子嗎？」「你應該要會打算！」，像此類華人的「應該」文化中，壓榨了許多介意別人眼光的孩子，讓優秀的人更加孤單地活著，更在親情關係中，不斷壓榨自己，在夜深人靜，拿掉光環的時候，只剩下對自己的厭惡和恥辱感！

給心情一個歇腳亭

當別人說你「應該……」的時候，你想到的是什麼呢？

1.對，我應該要像他講的那樣活著。

2.我有努力過，但我做不到。

3.我好羨慕別人都能按部就班的活。

4.就算那不適合我，但又能怎麼樣？

5.我認為，這不合理。

6.其他＿＿＿＿＿＿

對於應該，也許我們除了進一步證明自己能否達成之外，也許可以退一步想想以下幾個問題：

這個「應該」從哪裡來？

這個應該適合我嗎？

如果按照那樣活，我開心嗎？
如果按照那樣活，符合我對自己的期望嗎？
這些是別人給我的，還是自己真正想要的？

假若這些答案是肯定的，就展開行動，去追尋你想要的價值和期望。假若答案是否定的，那麼你也許正在壓榨自己，活成跟別人一樣的人生！

別忘了，人生有許多可能性和開創性，尤其長大的你可以保留彈性去分辨出「別人期望」和「自我期許」的差異，如此一來，我們既不會因為別人的評價感到羞愧或自卑，也不因為讓別人失望，而感到無地自容，也許我們需要練習的是了解我們不是誰的延伸，把人生的自主權拿回來！

讓自己微笑飛揚的經驗叫做走自己的路，讓自己無地自容的都叫做岔路。每個人都值得懷抱一個私密基地，在那裡可以瘋、可以狂而且歡迎哭泣。

2 為什麼她做得這麼好，卻總是被嫌棄？

——將嫌棄當進步的上進女

夏日炎炎的六月天，她頂著大太陽，騎著摩托車在外跑業務。

「小妹妹，我看妳年紀輕輕，你們公司是沒業務了喔？」

「老闆，您的意思是？」她露出尷尬的微笑，也不曉得是不是因爲她露出生澀的樣子，還是還沒適應室內外溫差，當她劈頭被問這句，即便已經不是業務新手，內心也十分惶恐。

「告訴妳，我的年紀是妳的兩倍，以前我就是訓練業務的，我們是很大的公司，才不會派像妳們這種黃毛丫頭，倉倉皇皇就出來，像什麼樣子！」她來不及接話，對方又繼續說：「大太陽也得晒，做做樣子也得擺出來妳們的專業，現在年輕人到底是有什麼問題，嘖嘖！」

她其實剛滿四十歲，做業務更是十幾年的經驗，早就不是什麼黃毛丫頭，因爲是面對客戶，不好回嘴，一愣一愣地站在原地被念了半天。

眼前這位打扮得相當老派的男士，約莫已屆退休年齡，看著他瞧見年輕業務就猛搖頭，還沒打招呼就趾高氣昂的，先劈頭訓了一頓再說，之後又面露期望，耳提面命地交代「我這樣做是爲妳好。」「我們公司的新人都是我訓練的。」「想當年我……」「妳最好要聽進去！」等話語，讓她應也不是，不應也不是，只好乖乖被念了半個多小時後，雙方才開始說明這次要調整的業務內容。

她步出辦公大樓時，回望著眼前的辦公出口，突然感到一陣暈眩。

「是怎樣，最近都遇到這種的？要不老派、挑剔、要求一堆，不然就是只會話當年，一點建樹都沒有，是現代人太缺愛，還是我水逆，時運不濟？」但她一個念頭立刻浮上心頭，「這麼刁鑽的，看來只有我可以好好按捺他們了。」她一面收起名片夾，一面檢查包包準備回公司。

其實從事業務以來，她都會遇到這樣的客戶，對她挑剔、嫌棄、感到不滿，她是個認眞又會主動要求自我的業務，對這份工作已從一開始調整服裝儀容、說話口吻、買雜誌訓練說服技巧，到現在老練且上手，的確不應該會再被挑剔什麼，但她對同事常抱怨：「怎麼我在職場上遇到的客戶，都像我爸媽一樣倚老賣老，對我總是有無止盡的要求？」聽多了類似的抱怨，她的同事也只能露出同情的眼光，有些也會吐槽她說：「最好是妳人生中有這麼多爸媽啦！」

被嫌棄就會有進步的空間？

也許同事說對了，實際的挑剔對象不是爸媽，而是她心裡的父母。

在她父母眼裡，她永遠是個長不大的小孩，她也習慣被管、被慣、被嫌，這種家庭互動方式她非常熟悉，面對父母的嫌棄她也當作是一個又一個的人生目標，應付地游刃有餘。

「妳這打扮能看嗎？」「我認爲妳根本不適合！」「妳以爲這樣就夠了喔，這麼容易滿足喔？」「我這樣做是爲妳好。」「人學無止盡。」「要把吃苦當作吃補！」這些話，聽起來好負面也好熟悉。

他們家的互動充斥著這麼複雜的訊息，一來一往的尖酸和嫌棄，也包含著一個個耳提面命，他們就像互相拋擲手榴彈，一來一往吐槽彼此，看誰的嘴皮子上有道理，誰就占據家裡的最上位。也透過一次次的占上風，將彼此的期望也一併拋出去，藉此交流情感。

她很習慣「互相吐槽求進步」更喜歡「被當小的有好處」。當別人要求她時，她會出現一股既埋怨又歡喜的複雜心情，因爲有要求，就會有人生目標，就有機會被看得起。

所以她討厭別人嫌她，同時卻也喜歡別人嫌她，因爲有嫌才有進步的動力！這樣的依附模式，在她的朋友圈中也見怪不怪，大家都像哥兒們一樣舒爽快活地相處著，有不開心和怨懟，倒也不用藏著，有機會就見縫插針一下，好讓對方知道。

但在她的業務生涯中，面對客人總得裝一下卑躬屈膝的樣子，她希望展現大姐大的豪氣，卻也想要回到小女孩的嬌氣。遊走在游刃有餘和假裝示弱的小女孩情節裡，找到一些挑戰和可努力的目標。

需要他人來肯定自己

在職場中，我們容易歸因於最近運氣差、時運不濟、順勢逆勢等外在因素，但實際上，某些人際關係，是我們吸引來的。

人際歷程心理治療中提到，我們會在不同情境中，不斷重演人際關係的劇碼，這些重演的人際劇場，是源自於我們過去日積月累的家庭經驗、人際互動和依附關係。

她的客戶中其實也有合作愉快以及會互相給小道消息的「好客戶」，但她總會將目光放在挑剔她、嫌棄她、對她曉以大義的客戶上，她沒有發現，在這類型的人面前，她會特別變得啞口無言、乖順可人，以致對方對她有無限上綱的期待和要求。她希望在對方面前縮小，以獲得更多的要求和交代，正是她對人際互動的期望中，最深的一個小確幸！

「有嫌才會進步」這樣根深柢固的觀念，讓她在面對客戶時，冷不防要被念上幾句，才會感受到和對方有較深的關係，「一旦我什麼都做得完美了，就沒有人生目標了！」「一旦沒有人嫌我了，我就沒有進步的動力了！」這類型的人想要追求完美，卻害怕沒有學無止盡的追尋目標，所以她需要別人，當別人把要求落在她的身上時，她就感到自己變得相當重要。

我們在依附關係中，都希望自己對對方是有影響力的、對對方是重要的。但是，將自己的價值拋售到別人的要求裡，久了就會像這位職場女性，不斷感受到自己像無底洞一樣被要求，永遠覺得自己不夠好。

給心情一個歇腳亭

也許我們都忘了，人生真正的主角是我們自己，當你在某個時期，不斷遇到類似的人事物，就可以問問自己：

「為什麼我總是遇到這樣的人？」

「他的說法正確嗎？不正確的地方有哪些？」

「對於他的說法，我真正的想法是什麼？」

「我同意他人這樣說我嗎？」

「面對這樣的人，對應到哪個部分的自己？」（例如：我遇到常念我置身事外的人，他的說法正確嗎？為什麼我對於別人說我事不關己時，會有情緒起伏呢？）

「當別人碎念我的時候，我把他當成什麼？」（有道理、對我有期望、促使我進步、為我好、耳邊風？）

「有哪些說詞，我並不同意，所以決定還給他？」

我們人生中有許多信念都可以促使自己進步，也在進步中，看見自己的蛻變和成長，小時候進步的方式，是透過大人的要求給予我們目標和方向。現在長大了，這個人生目標，也許不再是透過他人，而是透過自己有能力去篩選，並且去定義自己的價值。

改變是一種自然現象，在你想要的時候，就能瞥見它。

3 為什麼我們總得帶刺才能保護自己？

——以自我為中心的護士

那天正是她值班，一早就要到醫院去，雖然還有點恍神，但想著下班後就要去約會，心情不免雀躍了起來。

「耶，我今天一定要準時下班，那些產婦喔，統統送進去剖腹，有獎金可以拿，又不會影響到下班時間，我很聰明吧！」她心裡這樣盤算著，拿了幾個首飾，戴上耳環、繫上一枚亮亮的髮圈準備出發。

「只是上個班，穿成這樣，要不要臉……」她的阿公掰開報紙的一角，望了過去，一邊搖頭一邊說。

她回頭，比了一個大大的中指，不管阿公有沒有看見，頭也不回地跨上摩托車，「咻」地一聲就奔出門，以示無聲的抗議。

她從小就是阿公阿嬤帶大的，爸爸入獄後，媽媽也沒了消息。她愛他們，可是這個愛沒有了對象，常讓她覺得自己跟別人很不一樣。

阿公阿嬤很傳統，也很認分，就這麼一個小孫女沒人愛、沒人疼，總不能把她送去給別人養吧！沒人愛，他們來愛，沒人疼，由他們來疼。他們偶爾也會在意鄰居的眼光、路人的耳語，但仍然堅持帶她上下學，即便她抗議，他們還是代表家長的身分去參加班親會、畢業典禮，不願錯過小孫女的每個重要時光。

對她來說，她不討厭阿公阿嬤，但這特別的身分常會被放大關注，讓她感到丟臉！從小到大只要有老師過問她的身世，她就會冷漠以對，拒絕回答。

她討厭過多的關心，也不要陌生人突然闖入她的世界、不想身世被關注，因爲缺愛和關心，變得像刺蝟一樣，見到要靠近她的人就冷嘲熱諷，專靠一張利嘴把對方逼退。

「他們找我麻煩也沒關係，因爲我有一百萬句話可以回他們啦！」

一早，她到產房打卡上班，邊聽音樂、邊吃早餐，看著產婦名單和監控的胎心音。她心裡盤算著：「嗯，今天只有兩位產婦，統統推進去剖了。」

沒有父母的她，對產婦在待產時的焦慮心情特別冷血：「生，愛生啊，妳是會養喔？」「我就看你們之後怎麼養？」「這群人，生個小孩怕痛成這個樣子，不可取！」「要生就要痛啊，不然妳又不剖腹，有這麼矛盾喔？」她打從心底非常不屑產婦，而奇妙的是她卻選擇待在產房工作。

也許，是她下意識在找過去和媽媽的某些連結。她曾經好奇媽媽為什麼要生她？媽媽有沒有眷戀過她？但如果媽媽眷戀過她，為什麼從來沒有留下來陪她？但這些答案，都是無解的。

她曾經在小時候想著會不會在畢業典禮當天看見媽媽、在大型晚會中瞧見她、在頒獎典禮中遇見她、通過高考專科護理師甄審的時候瞥見她，她想要媽媽一起分享她的榮耀，讓她知道自己的女兒好棒！她將這些答案訴諸在陌生的產婦們身上，「為什麼要生？」「要生就是要痛！」「愛生又怕痛又不剖腹，是在幹嘛？」是她面對產婦生產前最常說的話。但仔細想想，其實是一種發洩，她想讓她們感到挫折，就如同她排拒老師們的關心，因為她不想被歸為特別的人物，但她的冷血卻非常特別。

她打從心底排斥產婦因為孩子所要經歷的生產，卻希望當時媽媽也曾為自己痛過，好證明她也曾被好好保護和照顧的痕跡！一晃眼，媽媽離去的這二十八個年頭，她也長大成人。

她是冷酷的大人，也是渴望愛的女人。她沒辦法體會產婦期待即將有寶寶的心情，更不想同理產婦的焦慮和擔心，這些都是她人生沒有解答的痛點。因爲她不明白這有什麼好焦慮，所以選擇一竿子打翻產婦的心情，其實也是因爲她不敢看自己的焦慮，無法確定自己是不是被期待生下的孩子，也不敢去確認爸爸媽媽對於她的到來有沒有一絲喜悅過，阿公阿嬷閉口不談，讓她對這一個層面的爸媽是一個謎，是她心底的一口深井，她只能靠產家來揣摩。「她們應該跟我媽都不像。」「我媽應該沒她們這麼懦弱，怕成這樣。」若你問她爲什麼這樣說，她會說：「弱肉強食啊，在這個殘酷的社會上，還是堅強一點吧！」她的眼睛圓滾滾的，天眞地說這些沉重的話……

在有意識和無意識的選擇中，我們形塑了自己

我們會有現在的性格和特性，都是其來有自的。

當我們還小時，選擇非常少，大人怎麼對待我們，我們就得從中尋找到自己

的生存之道。而這些防衛式的人際關係，就在我們和大人一來一往的互動之間被建立起來，你會發現有些人常常待在某種心情中，例如委屈的心情、不被懂的心情、生氣的心情、難過的心情，或者是平靜的心情、愉悅的心情、安適的心情等。這些我們常常有的心情，是一個和別人互動出來的生活型態。有些人爲了逃避不被愛的感覺，發展出常常生氣的樣子、強勢的樣子、逞強的樣子，因爲這些樣子如果不見了，彷彿那可以抵禦外在不舒服感覺的防護罩就會跟著消失了。

所以我們常認同某種心情成爲自己的一部分，這就叫做特質化。這些有意識、無意識的選擇中，都形塑了我們的一部分。在案例中的小護士，面對自己焦慮的心境，選擇了攻擊、嘲諷或鄙視的方式，忽略別人的感受，這樣子的因應方式，是從小發展出來的。相信過往的她，也曾希望自己被期待、被歡迎、被喜歡、被珍視，而當這些都不可得的時候，才發展出這樣的態度，所以她對別人的方式，就像是她內建給自己的。她對「人生是殘酷」的結論，正是她對自己的最佳寫照。她對自己有多殘忍，就對別人有多殘忍。

不擇手段爭到贏，其實是在處理自己內心的傷

我們對人生中許多結論，都靠不同的行動來完成，而別人也因為你的態度和舉止，更加印證你的人生結論，這是一種循環。假若，你是個萬人迷，到哪裡都會被喜歡，你的自信光芒，會讓別人也覺得你很不錯，於是又更印證自己很不錯，這是種正向循環。

有些人憤世嫉俗，或者對任何事情都感到厭世，就會吸引更多不公不義或者厭世的感受。這是一種人際吸引，所以每個互動和他人的評價，其實我們都參與其中，我們都有份。

而心理學家荷妮提出，我們為了避免被撩起的不舒服感受，發展出三種人際適應策略，故事中的小護士學習到對人生中不可得的焦慮，採取攻擊和對抗的方式，要她面對自己人生中的缺憾或不可得的部分實在太痛苦，所以她就發展出這樣的方式去面對，而強勢模式常讓別人也很難觸及她心裡的痛和柔軟，唯有這樣才是最安全，也最能有足夠的安全感，唯有詆毀別人的努力或期待，才能解釋自己的不可得是正常的。這種視為理所當然的防衛，是被發展出來的。

透過對抗別人，才能掌握自己的情緒和心境，唯有否定自己也有親密的需求，表現出不在意的樣子，才能讓別人也無法攻擊她。於是，雖然她小時候的階段結束了，但她卻又創造出另外一個競技場，在口舌之中爭勝。

給心情一個歇腳亭

你給人的第一印象是什麼呢？

你的防護罩是什麼？

這些防衛會長出來，是想要維護些什麼？

事過境遷的你，會怎麼調整這些防衛，對哪些人需要？對哪些人不需要？

請試著畫出你的防衛歷史，這些防護罩都是我們的生存技能之一，充分炫技之時，記得讓自己活得好的要件就是得因地制宜，有彈性地運用並且發展出更豐富的人際彈性。

多年以後，你會發現：承認自己還無法釋懷，真是美好。

4 為什麼越想靠近反而將對方推得更遠？

——總是感到孤單的媽媽

「我兒子啊，他結婚像入贅，什麼都靠女方那邊打點，不曉得過得怎麼樣？」自從婚禮之後，兒子就很少回家，她心裡面很不平衡，卻不想給晚輩壓力，每天在巷口等車，碰到鄰居就一面念個幾句，一面唉聲嘆氣。

「陳阿姨，妳就別想這麼多，阿貴也是聰明人，何況他們那邊有權有勢，不會虧待他的啦！」

阿貴從小在鄰居阿姨們的眼皮子底下長大，誰不知道這號人物？伶牙俐齒、聰明過人、很機靈，但就是成績不怎麼出色。也由於鄰居的小孩都差不多年紀，街頭巷尾時不時在倒垃圾或散步遇見時，第一件事情就是拿聯絡簿出來比較成績。每一次只要阿貴的媽媽這麼做，他就會覺得壓力很大，開朗的笑容不再，變成酷酷的男孩。他常因爲成績考差被罰、被叨念，而碎碎念的陳阿姨也沒多好受，只要眾人拿出小孩成績做比較，她就會感到面子盡掃落地，很丟臉。

她懲罰孩子的方式就是不斷用酸言酸語，唱衰他一無是處，「下次下次，每次都說下次會考好，哪一次你有做到？」「這次做到又怎樣，沒有繼續保持也沒用！」「你最好每次都給我有這種成績，以免我丟臉又白花錢！」她持續以不鼓勵的方式吐槽阿貴，原本是深怕他恃寵而驕，不再努力，到頭來卻搞得阿貴跟她難以親近。她常自覺是刀子口豆腐心，說要打罵還眞捨不得，卻不知她的冷嘲熱諷對孩子來說，就像一道道刀痕刻在孩子心裡，早就讓孩子與她心生距離，常感到羞愧。

一晃眼，十幾二十年也就這樣過去了。

好在阿貴長大後，也還算爭氣，年紀輕輕就升銀行的襄理，鄰居默默閉上嘴巴，陳阿姨也沒再對他惡言相向，可是阿貴的心卻早已離家遠遠的，對她不再信任，更充滿抗拒和抱怨。

早早就離家去發展，不願意多回家，看似疏遠，卻是他還想維持母子關係的絕佳方法。

鄰居們看著陳阿姨每天盼著兒子回家的心情，也只能勸著。

擔心別人虧待兒子，但罵過頭的人總是她

「拜託！他常說我小時候侮辱他，再怎麼樣，那都是小時候的事情了，我也是爲他好，畢竟自己家人啊！」「想也知道他人在屋簷下，不管怎樣也是要忍氣吞聲，爲什麼就不願意多回家？」陳阿姨又嘆了一口氣。

她常常處在這種心態，總覺得別人一定會虧待她和她的家人。從小，她是在家中不被看重的孩子，常對自己的身世感到羞愧，被領養的她，常被認爲是多餘的存在，她不知道爲什麼父母生下她卻又不照顧她，然後還要照顧不是親生家族裡的其他弟妹。

她感到不被愛，但又不願意去討愛，因爲對她來說，害怕討愛會讓她感到很卑微，所以就常常武裝自己，表現出強勢又不可理喻的樣子。她的保護色，常隱藏了她的脆弱心情，因爲假設脆弱被看穿，就會更矮人一截了！

這樣的人生信念，常導致她對親密的人的關係都感到矛盾又衝突。

她對自己的孩子阿貴，也處在這種矛盾的心情中，當她想要親近時，就越感彆扭，感到彆扭嘴巴就越壞，讓孩子感受不到認可，於是孩子也複製了她這樣的模

式，想靠近，也很難靠近媽媽！

對最親近的人難以掏心掏肺

約翰．鮑比的依附理論指出，當我們獲得不了身邊的人的關注或親近時，依附系統就容易出現「抗議」的心情，而每種依附類型的人表現出「抗議」的狀況不同，矛盾型依附的人容易以發出不平之鳴，爭取對方回應來表達抗議，而逃避型依附的人，則以走開達到「不做就不會錯」的方式來表達抗議。

人際取向的學者卡倫．荷妮則指出有些人會因爲無法親近的壓力，表現出不想參與的樣子，而有些人想要反抗和攻擊並清算對方，有些人則是表現出更順從與討好，以便獲得關注和賞識。這些展現抗議的方式，目標都是希望可以「重獲跟對方的連結」。但是，爲什麼我們都習慣用討人厭的方式跟親人互動，卻想要親人靠近，這就更複雜了！

孩子從剛出生的時候就得持續依附父母，但若父母缺乏回應，孩子就得尋求其他方式來解決痛苦，這些痛苦包括：

一、爸媽沒有能力提供清楚的溝通，例如情緒回應、事物安排、家務分工或想法回饋等。

二、父母很情緒化，無法給予孩子一致性的情感經驗的回饋，常常變來變去，讓孩子不知所措。

三、父母將孩子緊抓不放，常拿權威或血親關係想留住對方，但當對方留下之後，卻常忽略或予以情感勒索，將對方視爲自己的所有物。

四、父母自己就像孩子，無法提供穩定的物質、思想和情感的關懷，反倒要孩子當小大人，過度需要照顧父母的需求。

這些孩子對環境中的人事物沒有預期，無法預測準確，導致他們更容易不安和焦慮，而這些情緒又轉化成令人難以忍受的相處方式，讓他們一旦越想靠近，就越用不理性的方式把身邊親近的人逼走！

用不安綑綁住對方

這些缺乏彈性的人際習慣，常常達不到效果，卻又行之有年。

案例中的陳阿姨在面對自己心中的渴求時，往往以悲傷的方式表現，例如「唉！他怎麼變得不愛回家？」「唉！他怎麼會拿陳年往事來說嘴，讓我好難過。」理解陳阿姨的傷感是重要的，因爲人心是非常複雜的，明白她的傷感裡，也有抱怨、難受、生氣，就讓眼前這個人豐富了起來，在**人際歷程的理論中，提供了我們一個觀點——「人的情緒其實是一組一起被引發的」，一組共同被引發的情緒，叫做「情感星座」**。這些情緒會以一種可預期的方式出現關聯，這類型的人對自己的脆弱很防衛，因爲害怕受傷被人發現之後，就會顯得更加脆弱，所以撐在那邊表現出傷感和擔心，但心裡面其實也有不滿和生氣。

只是，身爲一位媽媽，她對孩子的控訴雖然不贊同，但也對「自己對孩子的生氣」感到不安和罪惡感，他們有個假設「我怎麼可以怪罪他？」「如果我怪罪他，他應該更不愛回家了吧！」等，於是不敢面對自己有生氣和不滿的情緒，甚至是無法面對「對孩子有氣」的罪惡感，於是「又對自己感到悲傷」，所以「悲傷——生氣——罪惡感」是同一組被引發的情緒，如果人一直卡在悲傷或怨懟的情緒中，就無法對自己有更深的理解，也無法對自己的想法和觀點有更多的認識，所以我們可以從不同的**情緒變化**中，去理解一個人更深層的感受，而這些感受都擁抱著更深切的渴望！

給心情一個歇腳亭

我們的每個選擇，都有自己做決定的影子。當我們向別人潑水，有時候是因為自己的內心也正在淋雨。人就是這麼複雜的一種生物，時而對對方，時而對自己感到生氣，然後覺得自己很差勁。我們都是透過別人去認得自己，就讓我們一起觀察你的直覺想法吧。

步驟一：當你遇到心裡很介意的事情時，你的第一個想法是：

□別人會怎麼看？
□我一定要說出來。
□真的很重要嗎？
□如果承認我很介意，就表示我很弱？
□如果被別人發現我介意，我就被看穿了？

□如果看重我介意的事情，那我就是自私？

□假設不把別人放得比自己重要，就是不為別人想？

□眼不見為淨，不要多想就沒事？

□________

□________

□________

步驟二：當你表達自己的需求的時候，你最常會感到？

（矮人一截、低人一等、我不好、我難受、我沮喪、我無能、丟臉、無所謂、沒特別等）

____

步驟三：試著問問自己這些感受是因為什麼？

例如：為什麼我會難受？為什麼我會感到沮喪？為什麼我會覺得無所謂？

為什麼我會________？

步驟四：拓展這些感受：

當你發現這些感受讓你彆扭、無所適從，那正是該拓展這些感受的時刻了，尋找一下這些感受是怎麼發展出來的？也許是在某個年歲的你，被禁止、被討厭、不被喜愛、不被接受所造成，尋找這些感受的來源。

步驟五：接納這些感受：

我會感到難受是有道理的，因為＿＿＿＿＿＿＿＿＿＿，但我現在決定正視這些感覺，這些感受都在提醒我「你是重要的」「你是值得被重視的」「你是無可取代的」「你心裡面的渴望是真實且值得被看見的」。

我們一直沒有學會的是無論任何心情，只要你覺得是重要的，都該被認真看待。

5 為什麼人生不能簡單點？

——看不起爸媽的孩子

十月是正值企業轉職的月份，許多企業也會在此時調薪，他在這間上櫃公司五年多了，五年來，看著公司內部的鬥爭，覺得非常煩。

「爲什麼人就是不能好好做就好，搞什麼鬥爭？」他極度討厭捲入公司的陣營戰，從小他常常被捲入父母紛爭，媽媽對他很縱容，爸爸卻對他很嚴厲，而家裡面就他一個孩子，無論他做什麼選擇，都很複雜。

國中時他因爲跟一位非常嚴厲的老師常起衝突，媽媽覺得不捨，想幫他轉學，但爸爸一聲令下，他又得乖乖在學校忍受三年，忍受也就罷了，三年來，他經常成爲父母吵架的話題之一，他在父母之間感到矛盾，媽媽常常無助地要他拿定主意，「孩子，你說吧！想怎樣，媽媽都會幫你。」但爸爸一來，又全打翻他們的約定！

「每次都說話不算話，又要靠我拿定主意！」他想選媽媽這邊，卻埋怨她很無能。他認爲爸爸是暴君，沒人性，爸爸太專制又固執，跟他講什麼都沒用，這樣的暴君形象，形成他心裡面亟欲抹滅的陰影，他不想成爲跟爸爸一樣的人，卻又有點羨慕爸爸一聲令下，全家就會立刻安靜，有主見又權威的模樣。

夾在這對父母中間，他得不到情感的支持，他常感到媽媽需要他的支持和決定，但爸爸又太冷酷無情，他得僞裝自己才不會被爸爸冷不防的一擊擊垮。他心裡面有點怨懟媽媽，老是向他索求情感、抱怨爸爸，但在他抱怨媽媽的同時，他又對媽媽懷有深深的罪惡感：「她對我這麼好，什麼都讓我決定，我憑什麼抱怨她？」但打從心底他得捨棄媽媽，因爲她太弱了，但主要也是想捨棄無能的自己；可是當他變得有主見，可以自己決定很多事情時，又怕自己太專制冷酷，他太害怕重蹈覆轍爸爸的樣子，變成一個暴君，所以對於權力常感到畏縮，想掌權卻懷抱罪惡感，他想退卻，卻覺得自己無能懦弱，夾在中間的他，最難在陣營中自處，在父母鬥爭中，他不想認同強權者，也看不起弱者，這樣的矛盾在他的內在滋長著，連帶在工作上感到心累。

父母的管教方式對我們的一生影響深遠

針對父母教養的方式對孩子的影響，早年有鮑姆林德的研究，她依據教養方式可以把父母分成幾種型態的管教，每種管教方式都會對孩子造成不同的影響。

像案例中爸爸這類型的人屬於**「專制型父母」**，他很難看見孩子的進步，更對孩子提出的意見不通情理。對專制型父母來說，享受著「我想的比你好」「我幫你做的決定都很周全」所以他一方面給予孩子的期望是「你要會想」「你要有主見」。可是矛盾的是，他沒有要給孩子實權和信心去做決定，而孩子在下意識就被否定了，就容易對自己的想法感到不如人或自卑，對父母產生又敬又怕的態度，讓他對自己容易沒信心，長期下來也變得有想法卻不敢言。所以身爲父母，一方面要孩子會想，一方面又不太喜歡孩子很會想，這樣的父母得面對自己內心的優越感和對於孩子變強的焦慮，可以稍微放手一點，讓孩子自己去做決定，因爲唯有被相信，有犯錯的空間，才可能讓孩子長出信心和能力！

案例中的媽媽，對於管教較爲放任，其實被**縱容型父母**養大的孩子，對父母的情感是很糾結的。父母對他們很放任，家裡就像沒大人，無法各司其職地發揮功能，更容易讓角色混淆，使孩子無法充分感受到安全感和明確的指令，有些父母是因爲自己的爸媽過於嚴厲，而擔心只要管教就會重蹈自己爸媽的覆轍，故反其道而行，變得太過放任縱容，讓子女有過多的權力，對父母的指令有商榷的空間和否定的機會，容易讓孩子有不尊重的態度，和被寵壞的傾向。

鮑姆林德提及綜合兩者的不足，有一種型態的父母叫做**威信型父母**，當孩子犯錯給予糾正和引導，對好的行爲給予鼓勵和支持，讓孩子養成較自律、肯合作、有明確的規範的習慣，也對父母的有預期。

如果父母出現一下子說「絕對不行」一下子又說「沒關係」，一切隨父母性子而走、按父母的判斷養育，將讓孩子不容易摸清楚父母的底線和規定，也容易誤觸地雷，變得善於察言觀色，吸引力全被父母占據，而無法專注在自己身上。

另一類型的孩子則是**被父母過度保護**，這類型的孩子，不容易相信自己，因爲在被過度保護之下，父母就是他的保護傘，凡是較以自我爲中心，對於父母給予協助視爲應該也很依賴，父母擔心子女吃虧或辛苦，就盡可能滿足孩子的需求，看似對孩子非常滋養和保護，但某種程度卻喪失對孩子能長出自己的能力的信心，這類型的孩子較無法因應這個世界的變化做改變，也較容易活在自己世界裡面，對事情的想法較以自我爲中心，容易不信任自己。

最後一種是**忽略型的父母**，這類型的父母非常想省麻煩，認爲孩子就是個影響他生活型態的存在，當孩子哭鬧或遇不如意時，父母較少去想孩子哭鬧的原因，一切以省麻煩爲最高原則，更不會給予更多的關愛和支持，長期被「方便養」的小孩，長大後，容易感覺到自己不夠重要，不值得別人花更多的力氣，更多的是因爲教養者的缺乏回應，這類型的孩子較缺乏人際互動的社交能力！

家庭互動就像個蹺蹺板

家庭是互相權衡的系統，當一個人過度撒手管教，另一人就會接手變得過於嚴厲，所以當我們在工作實務上遇到很精明能幹的媽媽，我們就會問他另一半的態度是？他通常會說另一半很溫和、沒有主見、不涉入孩子的管教，反之亦然。當我們遇到一位事事都有意見的爸爸，你就會發現他的伴侶，要不就是偷偷給孩子優惠但沒有實權，要不就是拿不定主意，或者從交往之初就被先生視爲無物的太太。

當我們思考在家庭中的某位成員，我們一定會聯想到家庭系統中的其他人。因爲這個人的個性養成，並不一定完全是他個人從出生就是這樣的個性，大多數時候也被環境加強了性格的特點，這在人際歷程中叫做後天性格，有些人是因爲其他成員的懦弱不理性，讓他變得要強悍理性，有些人因爲家人沒有發言權，讓他事事得爲自己發聲，變得非常有意見。所以你會發現強勢的太太會搭配好好先生、懶散的媽媽居然養出規律的孩子、家裡很有意見的小孩踩在一對寵溺他的父母頭上，這些都是蹺蹺板的兩端，當蹺蹺板失去平衡，這個系統就會用某種程度重新調整，而角色權責也會重新分配。

有些人的後天性格特質是因爲職業而讓他改變，例如：身爲保險公司的精算師，日日在計算公司帳目，以公司最大利益爲主，在家庭中就可能也養成事事找缺點的習慣；身爲律師，可能帶有職業的習慣，在家中事事講理，得理不饒人；身爲工程師，在家中容易尋求精確的零和一語言，針對問題、解決問題；身爲老師，在學校常管教學生，在家就可能常管教家人、好爲人師等，因爲在職場工作的八到十二小時，讓人將工作習慣也變成自己的一部分。

給心情一個歇腳亭

人生是個累積不斷的過程，人際歷程不只專注問題，也看見一個人生命中的資源，過去的點點滴滴，都是現在的養分，過去很適應的生存策略，也可能變成現在僵化或過不去的檻，但是沒有關係，因為人生有自癒的能力，所以發現問題、面對問題，才有機會觀看和解決，發展出更喜歡的自己。

我們大多數時候不只是自己，有一些拼圖是和別人一起來拼成。

6 為什麼我們的人生總是不斷地重複？
——目睹爸爸外遇的女兒

一如往常的下課鐘響，她在校門口等爸爸來接她回家。

這一天，她的爸爸帶她去吃飯的時候，多了一位笑容可掬的阿姨，她能感受到這位阿姨和爸爸不是普通交情，從對方不斷找話題，想討好她的態度來看，她直覺不太對勁。直到有一天，爸爸說阿姨在內湖買了一棟房子，要她下課後可以一起過去看，順便吃個飯。

「妳覺得這房子怎麼樣啊？」爸爸不經意地問了她一下，誰叫她是爸爸最愛的女兒，兩個哥哥自從她出生後就被晾在一旁，從小到大，爸什麼事情都問她。

「阿姨有和其他家人一起住嗎？」他們在路邊攤吃臭豆腐並閒聊著。

「沒有耶，大約是三個人喔！」這個答案不是阿姨給的，是爸爸和阿姨相視一下，一邊默契地低頭繼續吃，一邊回答她。

「那應該很夠吧！還滿漂亮的啊！」

「眞的啊！」他們獲得她的認可後，面對面笑得燦爛無比，就像是一對熱戀中的情侶。她心裡面有個直覺就像五雷轟頂，放下夾了一半的臭豆腐，背起書包，直直往捷運站跑去，丟下錯愕的兩人。

果不其然，她爸爸在她國中的時候外遇了。

七年級的她，原本還有小學生的稚嫩和快樂，這一切都在此時被破壞掉了。爸爸回去後，跟她吐實了，這位每天放學必出現的阿姨，就是他外遇的對象，他央求孩子千萬不能告訴哥哥和媽媽：「爸愛妳，也信任妳，我們一起離開這個家吧！我會帶著妳的！」她心底很猶豫，突然不曉得該怎麼相信眼前這個人，她很清楚爸媽原本感情就淡，可是不足以淡到要她接受另一個人。

那天晚上她在床上翻來覆去睡不著，眼淚一直流，她回頭看見凡事跋扈強勢的媽媽，變成一個被背叛卻不自知的憔悴女人。

眼見自己心愛的爸爸每一天裝沒事地欺騙，每一句愛家的話都變成謊言。她打從心底孤單著，因爲懷著一個巨大的祕密，抑制不住難過的眼淚，沒辦法享受爸爸接送的天倫之樂，更沒辦法接受自己得要捱著祕密，變成欺騙媽媽的幫凶。

終於，爸媽在某天晚上攤牌了，那天爸爸也抖出女兒早就知道這件事。從那一天起，她就被媽媽無視，即便離婚，唯一不要的就是她的監護權，她被當成人球一樣丟來丟去，對媽媽感到虧欠，對爸爸從親密到感到憤怒！

長大後的她，很害怕進入親密關係，在關係中總是挑三揀四，她需要愛，又不信任對方，她記得父母在她面前假裝和好，最後關係卻破裂的樣子，也看見爸爸僞裝成要彌補媽媽的樣子，事實上早已經買好房要和阿姨在一起。這些經驗，讓她不願意再相信愛情，卻需要愛情。

她常與不同階段的男友聯絡，害怕任何一段深入的關係，也因爲如此，她被現任男友發現劈腿前男友，引發關係的困擾！

我們看出去的世界，也是自己的一部分

故事中外遇的爸爸，意外拉了孩子分擔他的情緒和立場，進而讓她無法獲得媽媽的信賴和愛。這樣的脆弱關係，常讓她沒有安全感。如果她愛媽媽，那爲什麼

要瞞著媽媽？但如果她愛爸爸，又得接受爸爸對媽媽的背叛，這種選邊站的複雜情緒，從父母的征戰，將持續引戰到孩子是否被愛，誰都無法逃脫這個場景。

而爸爸對媽媽的不忠，懷著祕密也得假裝關心，孩子將是否揭發祕密的責任往自己身上扛，都在這個家庭系統裡面日日發生著。這樣的氛圍，久而久之讓我們對關係變得小心翼翼。爲了趨吉避凶，我們常拿過去的經歷，變成往後挑選對象的一個警訊，但若沒有機會整理自我，就會變成在無意識中交換和拋接，在挑三揀四的過程中，更沒有選擇，只是在不斷重複而已。

投射的概念就是「我們看出去的世界，也是自己的一部分」，所以我們常說狗嘴吐不出象牙，你說的話代表你自己。另外，當我們越是沒有整理自我，就越容易將自己不能接受的部分，丟出去說那是別人的。

例如：我不准自己生氣，也不由自主地害怕生氣的人，是因爲，看到生氣的人居然可以這麼堂而皇之地發脾氣，我也會害怕，因爲我從來沒接納過自己生氣的樣子。

又或是，當我們不准自己脆弱，看到別人脆弱時，就特別受不了，自己無法排解和吸收的情緒，在別人身上撞見了，就要趕緊抹掉它，以免影響自己。

案例中的女孩，因爲無法消化爸爸的外遇人生，更無法面對心底對媽媽的罪惡感，影響到她自己的感情觀，就變得亦步亦趨、舉步維艱。她一方面害怕被背叛，一方面卻不斷行背叛之實，這都是沒有整理自我促成的，我們心裡面的黑盒子如果沒有機會被了解和被揭開，就更容易鋌而走險，走上一條自己也不情願的人生道路。

父母和子女的情緒傳遞，是拋接的過程

父母和子女的情緒模組，就像拋接的過程，沒經由思考的人生，就在下意識不斷傳承，我們可以想見「當父母對孩子冷酷，孩子在無意識中吸收了這個冷酷，也變得冰冷起來」「當父母對彼此欺騙，家中的氛圍和氣氛就變得像抓賊，誰都無法逃脫」。

我們常說，一個北極熊的家庭裡面，不太可能接納棕熊的存在，同樣的，企鵝家族無法接受天鵝，是因爲一個家庭的基調，影響著孩子的自我基調，這就是種認同感。我曾經遇到一個很挑食的個案，他不愛吃水果和青菜，約了他的父母來談，

發現他們也不愛吃水果和青菜，所以家中就是不會出現這些東西，試想，如果一個家庭從未出現水果和青菜，他們的孩子突然想吃這些，父母會同意還是會覺得他很麻煩？父母會認可，還是覺得他是異類？家庭的組成就這樣不斷世世代代地傳承重演，上演著「非我族類就是異類」的認同情操。

於是，家庭成員中，彼此藉著對方來尋求安慰、消弭無助，一起承擔害怕和不好受的感覺，一起分擔罪惡感、感到彼此都很渺小，或者運用自己的渺小來給對方一個壯大的位置，都在這個系統中的每一天發生著。

我們每個人都用不同的方式與家人做連結和認同，在我的個案中，孩子藉著胃痛，來處理與胃癌過世媽媽的連結；孩子藉著拒絕去上學，來處理父母之間未解的背叛及忠誠議題；父母也藉著孩子出問題，迴避彼此永遠說不開的衝突；父母藉著孩子的發病，來證明自己是有能力的父母；父母也可能因爲對愛的饑渴，將小孩綁在身邊，說孩子需要他，其實是他需要孩子；小時候因爲想旅行不可得，長大就瘋狂帶孩子去旅行以彌補小時候的不足；童年時期因爲沒辦法學鋼琴，就強迫孩子每天練琴，不顧孩子一點也沒興趣的煩躁不耐。

人際歷程學派帶領我們看見，過去是如何影響我們現在所形塑的個人風格和人際模式，更討論我們所經歷的家庭關係，是如何影響著我們選擇的再生家庭經驗，而你會發現，沒有覺察的人生，就是一再的重複、重複、再重複！就像一個人聽不見自己的哭聲，也聽不見別人的。

一對心裡有愧的父母，也會讓孩子深感愧疚

父母和孩子就是這樣互補也同步的關係，我們將這些願望投諸到別人的身上，試圖找到某種可以解釋的答案，就像他對別人無理取鬧，卻無法掩蓋心中落寞，他僞裝堅強，卻句句渴望別人推翻他，這種矛盾焦慮的心情，不容易一眼看穿，別人都容易被刺蝟的外表給唬住，唬住之後，就更難給他安慰和保證，而他在戀愛中，可能會尋求能看穿他堅強盔甲背後的脆弱的人，可是他也一邊獲得，一邊測試，測試不成，就一邊失去，又退回「沒有人會爲我留下吧？」這樣的內在運作的方式。

給心情一個歇腳亭

親愛的自己，也許你該停下來，給自己一點喘息，把心中曾經介意的、在乎的、渴望被愛的部分拿出來晾一晾，晒晒太陽，吸收點光。每個人介意和別人連結的點不相同，你可以勾選看看專屬於你的部分：

□我希望被愛
□我想要無條件被接受
□我希望自己擁有權力
□我希望永遠不被拋棄
□我希望自己對環境有掌握感
□我希望自己永遠被重視
□我希望自己非常有魅力
□我希望不要被排拒在外
□我希望我在別人心中是有分量的

□我希望自己對別人有影響力

□我希望能好好去愛人

□______

□______

□______

給自己一個大大的擁抱，因為這些希望都曾經在我們心裡的一角，引領我們多積極一點點、多爭取一點點、多給自己機會一點點，也因為有這些脆弱卻真實的渴望，讓我們活得更像自己一點。我們都得拿回多一點的真實，卸下一些心防，跟愛的人，好好說真心話！

要去愛那些讓我們人生揪心的不協調，因為那正是生命中很好看的一部分。

7 為什麼我們有錢，卻對愛無感？

——寵兒無上限的爸爸

「爸，我沒錢了，快寄錢給我。」一封通訊軟體的訊息，逼得他神經緊張。一起出差的朋友看到他神情緊繃，問：「還好嗎？」

「沒啦，我兒子沒錢了，我在想我們現在在英國，要怎麼匯錢過去給他，你知道現在匯率多少嗎？」

「你沒其他家人喔？不然我請我太太先想辦法？」

「好啊，我怕他急用啦！先借個五萬應急。」

「阿宏啊，不是我在說，小朋友念個大學要五萬，也未免太多了吧！他在做生意喔？我們再三天就回去了，一萬就已經很多了欸！你平常給他多少啊？」

「我兩萬讓他放身邊急用啊，啊三萬……你不要管啦！」

「五萬我沒有啦！一萬我還可以叫我太太先給。」

阿宏也不得不照做，但可想而知，接著他收到的訊息就是小孩又要跳腳了！

他沒辦法抵擋兒子失望的眼神，畢竟他在孩子十歲的時候，就答應他說：

「媽媽不要你了啊，阿公阿嬤沒錢，爸爸養你一輩子啊！」

當時太太離開他，他傷心了很久，面對自己失婚，孩子失親，他覺得眞是奇恥大辱，不過事過境遷，也得面對，只是對於久未和孩子建立情感，他充滿了愧疚和羞愧的心情，給了孩子這張長期支票。

也在開了這張支票之後，他就和孩子緊緊綁在一起了！

每當孩子要校外教學、要繳零用金、應付學校生活各種開銷、遊戲點數等，他就像是提款機，任由孩子無限上綱地索取金錢，他知道這樣不對，但相較於要讓兒子失望，他就遷就著應付，反正他賺的也不少，能夠支應就支應。

他沒辦法向孩子說「不」，因爲說了不，就代表他是不稱職的爸爸、說話不算話的爸爸，而他扛不住這些，只覺得自己對孩子的虧欠用一輩子也還不完。

過度償還反倒讓孩子折掉自主之翼

對他兒子來說，看見爸爸這樣犧牲，他常懷著罪惡感，但他沒有其他方式和爸爸相處，只有錢，是他們之間最實質的連結，他有時候會覺得爸爸拿錢打發他，沒有陪伴他，但又覺得他已經好過其他單親家庭的孩子，又能抱怨什麼？

他希望爸爸能夠陪他打球、給他點鼓勵、對成績有要求，可是這些都落空，他有著飽飽的荷包去和朋友打交道，卻換不到爸爸的五十分鐘一起打電動或運動，他感到很孤單，日積月累下來，也不曉得要怎麼和爸爸相處。

爸爸和他有許多祕密，例如在家裡，把錢藏在床底下、字典中、桌腳下等地方，他用錢和爸玩捉迷藏，也知道爸從不介意讓他知道錢在哪裡。

他對自己很沒自信，因爲爸爸賺這麼多錢，可是他永遠也沒有被培養相關的能力，因爲如果他太精明，爸爸就沒有作用了，所以在爸爸極力存錢之虞，他反向地極力花錢。

越被疼愛，卻越感羞愧的孩子

他知道爸爸疼愛他，凡事護著他，他們之間除了「你的事就是我的事」「你的需要就是我的需要」以外，從來看不見父母的限制和愛的上限。

這樣無條件的愛，讓他感到自己很無能，他覺得自己不能有能力，因為有能力就會和爸爸進行競爭和比較，因為如果他有能力了，就會失去了這個爸爸！他把凡事都外包給別人，唯有如此，才能和別人建立連結，「如果你不對我好」那我就找不到你愛我的理由。

所以，他在人際和情感上常常感到挫折，卻無法和爸爸分享這些脆弱和無助，他和別人的關係也是基於金錢關係上，他知道錢是最快能和人建立連結的方式，但沒有錢他整個人就空掉了。爸爸沒辦法理解他極深的恐懼，更沒辦法給其他的陪伴，於是，他處於一種「愛無能」的狀態。給的很多，卻常常真心換絕情，而他也在心理上不甘示弱，開始覺得反正別人也不重要。這些人際問題變成他在打工時受挫、適應學校受挫，甚至是大家都只想利用他的關係。而他想埋怨他爸給他這樣的教育，卻換來爸爸難受傷心的回應，讓他怪誰都不是，完全喘不過氣來。

很多父母基於愧疚、怨懟、過去不適任或者認爲自己過去曾經被虐待，所以現在想給孩子一段平等或舒適的關係，常將感情建立在錯誤的連結上。

所謂「錯誤」指的是過度寵溺、過度指責、過度要求、過度黏膩、過度選邊站等狀況，但這些家庭往往對於自己的狀況並不自知，而覺得只能用這樣的方式互動。你會發現案例中的家庭裡面，好像沒有大人，大人在一邊給錢的過程，也給了一個訊息：「你無法再要求我更多，因爲錢是最珍稀，別人最沒有的陪伴，而我已經給你這個，如果你再抱怨我，我就眞的不知道要怎麼給其他關愛了！」

所以，他們的親子關係維持在一種恐怖的平衡上，一旦孩子抱怨錢不夠了，好像就等同於「愛不夠」。這是爸爸的恐懼，而孩子也恐懼著不能再跟爸爸要其他關愛，否則好像不知足。

這個家庭是給「錢」，其他家庭給的可能是其他的。例如：時間、精力、從不設限、從不跟孩子說不、得把孩子捧上天。這些都可能是父母投射了自己過去在愛中沒有被補滿的缺，反倒是倒映在孩子身上。過去我手邊有個案家說，他們對小孩已經是充滿愛與包容了，過去都被衣服脫光光地在路邊打給鄰居看，他們現在連罵都不罵、被孩子扔作業簿過來，他們很無助，不知道能要求什麼？

另一個案家則是說，我們從來不要求小孩，任他在家裡大小聲，還會被他打，這一次要不是被打的人是奶奶，他們還眞不會通報，並要求要撤回「孫子打奶奶」的家暴令。

安全感是愛與設限兩手並進促成的

這些對於管教過於縱容的家庭，反倒導致孩子沒有安全感。我們常說「孩子即便用打的，也要把你打上家長的位置」，你會發現這類縱容型家庭內，沒有大人，而是一群小朋友在互動。這個家庭中沒有明顯的規則和長幼尊卑，導致所有的角色錯亂。在家庭系統中，有所謂「君君、臣臣、父父、子子」的階層，依據不同的家庭發展階段而有所調整，你會發現有階層、有規則的家庭結構，將帶來安全感，你知道家中可以協商的對象有誰、誰的規則牢不可破、誰比較會溝通、誰向來就主張某些信念。這些預期，將可以帶領孩子邁向社會化時，對社會互動中人際的預期。

縱容型的父母往往插手太多或投入過多的情緒而自願被捲入孩子的生活中，將孩子的人生事件，視為自己的人生大事，所以難以收手或承受孩子有任何的狀況，這樣的溺愛關係，反倒會讓孩子陷入困惑，但同時也會感受到自己非常「獨特」，長年下來，這份想要持續獲得「獨特的關注」將會讓孩子適應不良！

愛與規定像蹺蹺板的兩邊，扭曲成偏廢一邊

這類型的父母，誤將愛與規定變成蹺蹺板的兩邊，扭曲成偏廢一邊的失衡。在一般家庭中，父母有能力示範和承受孩子的抗議，了解自己的界限並跟孩子設限。他們害怕跟孩子說「不」，因為他們個人化過度深刻，如果說了不，好像「我在表達我不夠愛你」「我跟你表達我沒有能力」但其實他們沒想透的是，這兩者其實不相關，有些父母則是因為過去被管教的經驗太可怕，一心想抹滅父母對自己的影響，反倒變成以另一個極端縱容或放養的方式對待孩子，他們害怕只要一點點凶、一點點要求、一點點的道德灌輸，自己就會被父母猛獸或專制人物附身一般恐怖，所以他們無法給出一般的規定和理解自己的界限及需求，往往來自於不自覺產生。

父母的情緒調節能力，大大影響孩子對自己各種情緒承受力

其實，人是可改變的，無論在任何年紀，任何階段。當父母想清楚，或孩子想清楚，就有機會改變情境。父母得對自己有信心，我們得相信，我們無論怎麼凶，只要帶著意識，都不會成爲我們心裡面害怕的那個父母。

而孩子也要有自覺的是，我們的生命得由自己去學習和延續，得扛起自己人生的責任，不能因爲父母壽終正寢之後，我們的精神依賴或者防護傘也跟著死去。所以，父母和孩子都有責任，父母的不放手，也由孩子的默許支持著。

父母和孩子都得練習扛起自己的責任，才有更親密的關係。

給心情一個歇腳亭

你對家人之間，最難說出口／拒絕／承認／接受的是什麼呢？

「抱歉，我讓你失望了。」

「抱歉，我讓你難受了。」

「抱歉，我虧欠你了。」

「抱歉，我讓你________。」

「抱歉，我讓你________。」

「抱歉，我讓你________。」

「抱歉，我讓你________。」

從今天起，我願意做________，我們一起________，

過________的生活，好嗎？

打從心底把所有過去的遺憾留在昨天，明天的你依舊可愛、值得被愛！

8 為什麼我們總是不斷地將自己的傷口撕開？

——瞧不起女兒的媽媽

「白癡！妳是不是白癡啊？這個也不會，那個也不會！」

早餐店的一桌，傳來突如其來的尖銳大吼。

循著聲音望過去，兩個孩子的媽媽正戴著耳機拿著平板，一隻手撈了一片吐司餵小女兒吃，冷不防，反手往大女兒一個巴掌揮過去。

不曉得是因爲耳機的聲音掩蓋過路人的耳語，還是這位媽媽的自我防衛，讓她完全無視於旁人的側目，只自顧自地管教正值青春期的女兒。當下只見大女兒臉色鐵青，敢怒不敢言，小女兒一臉悠哉，彷彿很習慣媽媽突如其來的指責。

「笨手笨腳！」「生妳有什麼用！」「再瞪啊，跟妳爸一個樣！」她一邊斥責，一邊用手作勢要再打下去。

「去拿面紙啦！」最後這個媽瞪了女兒一眼，拋出這句。

終於有位路人鼓起勇氣走過去跟她說：「這位媽媽，不好意思，小孩不管再怎麼樣，都不應該這樣當眾打吧！」

原本低下頭聽著音樂的媽媽，聽到這麼大聲的勸阻，抬頭回瞪這名年輕人，說了這句：「哦？關你什麼事？我女兒就是笨，像個白癡，你懂什麼？」

眼前這名女孩發現她被大家關注，眼眶泛淚，頭低得更低了。她看起來智力正常，打扮也算乾淨，也還算在乎身邊路人的側目眼光，就是個普通的少女，被媽媽這樣一說，又氣又委屈，不甘心的眼淚忍不住撲簌簌地滴了下來，她無視女兒的眼淚，甚至覺得她在裝可憐。

撫養兩個女兒的她，只要一生氣就會拿女兒洩憤，她氣女兒不夠聰明、不夠貼心，不夠會逗現任男友開心，老是出紕漏、不夠懂事，也氣自己的人生，在年輕時就被女兒綁住。她可以一股腦兒罵女兒洩憤，卻不敢面對自己的荒唐過往，恣意縱情的年輕時期及識人不清。

當她開心，就把女兒當女僕，呼來喚去，還進行道德綁架要她懂得孝順；當她不開心，就羞辱女兒，要她們不要囂張，她的人生這麼慘都是女兒害的。

她討厭女兒，卻也緊抓她。

她嫌棄女兒沒有能力，但更需要女兒無能，因爲女兒無能，她才能感覺到自己有力量，她要鞏固自己有一個被尊敬、高高在上的位置，好讓自己舒服一點。假若有天，女兒表現得太好、太突出、太有能力，她人生過於美好，好到強壓過她時，她就會找不到羞辱她的理由，只能緊緊抓著「她害我的人生不美滿」的說詞，以便合理化對女兒的所作所爲。

和第一任男友生下女孩的她，都把「成爲父母」這件事情想得太夢幻，當錢進不來、怨氣出不去，生活就變得一蹋糊塗，兩人責怪彼此變成家常便飯。接著就是盤算著該怎樣把這拖油瓶丟出去，因爲沒有人想要負起責任，當他們把孩子送養的那天，她心軟地哭著把孩子抱了回來，男友不理會她的決定，從此一走了之。

接回來的那幾天，都還相安無事，可是事後她就發現照顧新生兒不是想像中只有母愛噴發就可以。每天的哭鬧、餵食的不順、把屎把尿無限循環的日子，讓她陷入產後憂鬱症。她愛過她，但是又怨她。

就像她從小被自己的媽媽視爲多餘一樣，她以爲自己會因爲愛孩子而改變心態，不會跟自己的媽媽一樣，卻因爲怨懟和被剝奪感，永遠沒辦法好好對待孩子。

「像我這樣的媽媽很可恥吧！」她常在心裡面這麼想。

「羞愧」與「羞恥」的差別

人際歷程學派認爲，一個人的羞愧是最難被瞥見的，儘管是被瞥見，僅只曇花一現，因爲羞愧是最容易讓人想要躲起來、最想要否定的情緒。聽不見孩子哭聲的媽媽，通常也聽不見自己內心的哭泣聲，而這樣羞愧的經驗，在個體的無意識之間，想要好好處理，卻又沒辦法處理好，就這樣一代又一代地傳遞下去。

「羞愧」是一種很特別的情緒，它和「羞恥」不同，一個人有羞恥心，會有較多的意願去改正自己的行爲；倘若一個人備感羞愧，只能夠有兩條路線，一，加碼自己的荒唐行爲；二，乾脆躲起來自我隔離。

所以要對人生有更積極的改變和作爲，「恥感」是第一步。

這也難怪我們華人的文化爲「禮義廉恥，國之四維，四維不彰，國乃滅亡」。身爲建國四大柱之一的「恥感」是華人文化中積極維護社會秩序的一環，而你也會發現這當中的用字是禮義廉「恥」，而不是禮義廉「愧」，因爲「恥」本身有積極促進改變的行動力，但「愧」不同！

試想一個從小到大的經驗，當我們做錯事時，如果父母對你有期望，還是會給你機會修正，讓我們重新贏回自己在父母面前的好感度，這是增加羞恥感，以便讓人修正行爲；但羞愧就不同了，「不要說你是我們家的小孩」「你讓我感到很丟臉」「你讓家族蒙羞」「你讓大家出去都抬不起頭」這種「你已經造成……」的無力抵抗、沒有回頭路，甚至是沒有立場再說什麼，沒有利基點再去做什麼的感受，就是「愧」的養成。你的行爲就會變成自我隔離、切割、拒絕連結、拒絕被看見。

在造字方面，「恥」是人聽到後，會往心裡去，但「愧」是不同，「愧」是人心裡有鬼，當一個人聽了會往心裡去，就會介意，更想要做點什麼扳回一城，但愧是想自己一個人躲起來，最好不要再被瞥見！這種不被瞥見的經驗，就跟鴕鳥心態一樣，就更難面對和改變，而一個人根深柢固地覺得自己不好，不願意被看、不願意與外界接觸，就更難面對及處理問題。

只是可惜的是，往往我們的傷痛經驗，是加強羞愧感，而不是羞恥。

因爲這種感受是違反人對自己的正向渴望的，所以羞愧的人若探出頭來，想和別人產生連結，就會產生扭曲的行爲舉止，而這種人生經驗，會讓一個人不斷印證自己不好，就像案例中的媽媽，她想透過養兒育女的經驗給自己一個新的、好的經驗，卻因為現實的困難，而緊緊壓抑住內心的怒氣，如果跟過去相比，她「只」給孩子一巴掌，算什麼？她越合理化自己的作為，就越覺得自己不好，因為在內心深處，她知道自己心裡面有一道過不去的檻，所以只能合理化地說：「我對她已經夠好了，我從小沒爸媽陪，之後又被先生拋棄，我沒拋棄她，只有打她，你能說我做錯嗎？」當一個人的內心有二、三十年都處在這樣的負向經驗中，即便有好的經驗，都覺得自己不值得擁有，更會破壞掉依然渴望被照顧的親情關係。女兒給她一次又一次的機會，想要相信媽媽不一樣，同時也明白在媽媽還沒有自我修復完成之前，是不可能得到她最渴望的親情的，或者得到的也只是患得患失的對待。

強加在別人身上的投射，可能具有某種修復關係

所以「重養」的概念就在此，我們人很少貼著自己的心長大，所以就也無法讓對方也貼著心意跟你說話。因為個人覺得「我很差、其實我很爛、我無法偽裝但我就是不值得」，當這些感受無法由內心去承受時，就會被丟到外面的世界去，變成

以下的說詞，例如「都是你害我的！」「我的人生怎麼這麼慘？」「我看不會有什麼好事發生了。」「好處怎麼可能落到我頭上？」等負向信念。

而這些投射，原本只是想要讓自己的內心平衡一點，卻意外地錯誤解讀了外在的世界，如果是信念解讀，那只會是一個人內心發生的事情，但若是錯誤對待其他人，這人可能眞的沒自覺要改變。

當一個人投射了自己人生中的弱處和痛處，並強加在另一人身上，是有某種修復作用的，你會發現一位媽媽早年不被愛，她對孩子可能會複製當年的不當對待，當你勸導她，她會回說：「我以前都被吊起來打，現在只有言語羞辱，已經很好了，你還要我怎樣？」「以前去什麼畢業旅行？說了就會被掌嘴，現在只是甩他兩巴掌，還是讓他去，你覺得呢？」

給心情一個歇腳亭

現在的研究顯示「心理創傷的確會造成孩子發展的阻礙，尤其是被身體虐待的孩子，前額葉皮質明顯因體罰而萎縮」大腦和身體的連結是一系列的運作系統，而我們對外界的解讀，也會變得扭曲和難以遏止，我們得細心地了解傷痛的來源，拼湊出傷者的全貌，才有機會阻止非理性的解讀，讓傷者不再經歷不被愛、被拒絕、不被接受的痛苦。

所以在實務工作上，若我們遇到常在「想成為完美媽媽——施以虐待」間擺盪的家長，常有的回應都是先理解那份從小不被愛和珍惜的痛苦，讓她慢慢感受情緒的修復和連結，面對內心不平衡的施暴者，我曾經有的回應是：

「看你對女兒說話有多殘忍，我可以想見你過去對自己也多麼殘忍。」

「看你說話這麼不留情面，我在猜，誰也曾經這樣對過你？」

「看你說話這麼惡毒，不禁讓我想著，在生命中有誰曾經珍惜過你？」

「過去的什麼經驗，讓你無法體認到女兒也是很不錯的呢？」

不要輕易跳過你的經驗，因為經驗是奢侈品。

9 為什麼我們對獨立常懷罪惡感？

——長不大的兒子與不放手的媽媽

「學校可以說清楚，爲什麼這次要記小孩警告嗎？」

「你們身爲老師，難道都不會提醒小孩子嗎？」

「他不是那種你講一次就會聽的，你們怎麼這麼沒耐心？」

「我眞的很後悔讓小孩子來念你們學校，都被你們教壞了！」

這些媽媽向老師抱怨的話，他從小聽到大，聽都聽膩了。

他知道，媽媽爲他打仗從沒有形象上的包袱，她會無條件爲他出征，因爲他在平時也是這樣爲她出征。

可是現在已經十七歲的他，還瑟縮在媽媽後面，讓媽媽去爲他打仗，他一方面享受著還身爲孩子的保護，但另一方面他也對自己感到不屑，日積月累下來早養成習慣，卻早已拿媽媽沒轍。

只要他回家跟媽媽分享學校點滴，就會引發她的敏感神經。

「你說在你衣服上畫東西的那個同學是誰？」

「就九班的那個吳宏毅啊，我們在玩而已啦！」

「那是制服欸，怎麼可以這麼做，我要找他爸媽來談，太過分了！」

「妳不要這樣，我們只是在玩，他人很好，我麻吉耶！」

「兒子啊，你被欺負還不知道，上次他在你書包上寫髒話，這次直接畫你制服，你眞的是太單純了！」

「妳再這樣，我就什麼都不要跟妳說了喔！」兒子氣急敗壞地說著。

「那我不找他，但總要跟你們導師講吧！你們導師連這種事都不知道嗎？」

他翻了幾個白眼，到底怎麼會又牽拖到老師？他常覺得媽媽只聽她想聽的，無法跟他一起享受和朋友闖禍的樂趣，和朋友一起打屁哈啦的開心，甚至是去鬧同學、破壞公物卻沒被發現的僥倖。媽媽的一板一眼要把他導正塑造成理想兒子的模樣，早就讓他不堪其擾，這次的引爆點是老師要求他每天補寫聯絡簿，牽動媽媽護子的最大底線。

「跟我講，他知不知道你寫字手會痛？為什麼要這樣逼你？我打電話給他。」

果不其然，當她打到辦公室，最後換來的是全處室的老師對她翻白眼。在處室中，老師們聽見媽媽與老師的一問一答：「老師，你這樣逼學生每天寫聯絡簿，會讓他們手痛，肢體發育不好。」

「這位媽媽，他們這個年紀要多動，動手才會動腦，而且寫聯絡簿這種事情已經從小學就要求起了。」

「你們看不起我家小孩是不是？在說他連小學生都不如是不是？」

「媽媽，我沒這麼說，寫聯絡簿是他的基本職責之一，他連掃地都沒什麼在掃了……」

「那你們可以盯他掃阿，你平常不提醒，現在就要他一次寫這麼多，當什麼老師？」

「媽媽，所以我們希望他可以做到基本的呀，希望他不要拖延。」

「你們沒善盡職責，盯他一一完成，還怪到他頭上，是看我們好欺負，霸凌我們喔？」媽媽越說越火大。

聽起來都是些似是而非的道理，辦公室老師一一拿著水杯從旁邊繞過去，內心大嘆：「天哪！眞是怪獸家長。」

他是媽媽不可或缺的盟友，至少在家裡面是。他深知媽媽的壓力——老來得子的她，好不容易喜獲麟兒，這些年爲了得子，得抵擋每個逢年過節姻親的慰問和評價，最後陷入憂鬱情緒，還辭掉外商公司的工作，在家養病，在精疲力竭之餘，終於得子。

但因爲他從小體弱多病，在爸媽和長輩的盼望之下，害怕失去這個得來不易的唯一男孫，他獲得全家族的關注，以及長輩的疼愛和期望，也獲得許多好處，他會以此交換媽媽在家中的地位，維護媽媽在家裡面的形象，在心態上更緊密地與媽媽相連，他心疼媽媽長年的憂鬱症，更委以討好和贊同媽媽的各種心情，好讓媽媽好受一點。

在他的眼裡，自己從小就沒有爸爸，他不屑爸爸在緊要關頭總跟家人低頭，要媽媽忍耐，更不屑男人長年在越南工作，只會拿錢回家，連假期間才會露臉，他跟爸爸沒有感情，但跟媽媽情感太過黏膩，讓彼此的人生交纏，變成他在青春期一道很難跨過去的檻：他需要媽媽，但不需要媽媽爲他打仗。

透過他人的眼光，看見自己

小孩子從出生以來，有將近半年和媽媽緊緊相依的時間中，他是沒有辦法分得出你我的，直到他慢慢建立「我」的概念，是從媽媽的奶頭被咬痛開始，當媽媽被咬痛，試著把他推開，他才明確地發現「妳跟我是不一樣的」（主體和客體分離的第一步），而接下來，由於幼兒的視力越來越清晰，以及慢慢出現抬頭趴、抓握等需求，他慢慢發現他和這個世界是分離的，而「我」是什麼東西呢？

透過對於自我的掌控感漸增，你會發現孩子早期的自尊心，完全是透過他人的眼光看見自己的，像是「你好可愛」「你好聰明」「你好體貼」，常被愛的語言支持的孩子，會發展出對自己的正向觀感，而相反的，負向的言詞像是「你好丟臉」「你好多餘」等，孩子容易對自己感到負向的觀感。而孩子逐漸透過他人回饋，轉向對自我觀感的養成，慢慢建立起自尊和自信。

然而，由於心理學和教養資訊的普及，我們也逐漸與世界各種教養法接軌，在目前Me世代的主張中，首重孩子的自我實現和自尊心的養成，提出Me世代的學者讓・特溫格就指出八〇後的新一代，比任何時代都可憐。原因是因爲「眞正的自我實現，某種程度基於履行對他人的承諾」，如果只專注在自己身上，迴避對他人的承諾，與他人沒有發生連結或關係，就更容易沮喪或焦慮。而這樣的情況，更難達到自我實現的需求。

但我們又要怎麼與人健康的連結，展現自信和自尊呢？

小孩在早年的時候，都希望被視爲是好的，假若沒機會被視爲好的，那就乾脆被視爲「壞的」，因爲「被視爲壞的」總比被無視好吧！每個人想要被愛的方式不一樣，有些人想被愛，就一直做公平正義的事情好被增強；有些人想被愛，就拚命地犯錯，好讓身邊的人有機會和他曉以大義；有些人想被愛，總是丟三落四讓別人去煩惱，留一個位置讓別人用指導者的角度去參與他的人生。

愛與被愛的關係，某種程度都是我們吸引來的。

你會發現在關係中，很像「大風吹」占位置的遊戲，如果你有兩個孩子，老大常讓你覺得叛逆及煩惱，老二通常不太會讓你操太多心，畢竟，一個家如果兩個孩子接連出狀況，整個家庭可能會崩盤。

無論老二的能力如何，他都會稍微扛起家庭的期待，即便只是虛應故事也算，這個在家庭動力中，叫做「互補」，互補的概念無所不在，互補的動力也是維持一個家庭平衡的重要關鍵。

當你發現老大很慷慨大方，總有人會擔心再這樣繼續慷慨大方下去，會不會傾家蕩產，於是你一邊允許老大揮霍，另一邊卻告誡老二你的擔憂和期待他不要跟上老大的步伐，如果老二「夠懂事」，也夠積極，就會去占跟哥哥不同的位置，但是一方面會在心裡羨慕老大，一方面會節制自我，不敢過度開銷，甚至有些人會因此發展出過度節儉的性格，以傳承美德。

所以每個家庭裡的兄弟姐妹總會長得不太一樣，因爲孩子總得長出自己的特色和樣子。

但有一種孩子則是因爲過度在意外在眼光，到處學別人，以致於最後，沒有人知道他眞實的樣子是什麼，這類型的小孩會使用許多人際策略，例如「將別人的需求擺在自己前面」「不斷講笑話」「遇到尷尬情境就逃得遠遠的」「當有問題發生就說是別人的錯」等等，用打岔或岔開話題的方式，重新獲得一種權力，這些都是我們刷存在感的方式。而這種種的人際策略，在我們身上也都有，但如果有些人是過度使用某一樣，變成不分情境的僵化模式，例如：「永遠都覺得是別人的錯，不管怎樣都是別人對不起我們，我們永遠都是受害者。」這樣的人生結論就已經是變成僵化的角色定位。

角色定位只是暫時，因為我們還有許多角色可選

這些人生角色定位，都是我們和外在互動之下，賦予我們得演出的版本，你會發現如果再繼續這樣演下去，我們都沒有其他的選擇。就像案例中的媽媽，她永遠覺得兒子會被害、覺得她自己被害、覺得她無力反抗，所以一而再再而三地介入孩子的人生，一方面告訴兒子希望他有能力可以自己飛翔，同時卻斬斷他的雙翼，告訴他「你好可憐」。這個劊子手就是他的媽媽，但她卻不自知地持續一手遮天，讓他也成爲想有能卻無能的人。

所以，這孩子一輩子的課題不是如何抵擋媽媽的一手遮天，而是將媽媽的插手過界的人生成就還給她，反過來也讓媽媽慢慢地了解：「交朋友很快樂，有自己的生活很快樂，我也希望妳有自己的生活、有自己的朋友。」「我長大了，我可以自

己來，妳要相信我有能力，而且妳應該要爲我高興。」「我會判斷，而且我也會承擔。」慢慢一點一滴地建立媽媽對他的界線與信心。

給心情一個歇腳亭

也許，媽媽從她老來得子的那一刻起，就永遠將孩子視為嬰兒，視為她人生的全部，而無法親眼見得兒子已經長大，未來也會有自己的朋友、對象、生活圈，孩子不是她人生的拯救者，更不需要她再為他出頭和打算，兩人之間才可能彼此鬆綁，活出更有品質的母子關係！

每個人都需要一個房間，存放自己的過去和過意不去，因為人生不用什麼經驗都順利，不然就太無趣了。

10 為什麼離不開有情緒缺陷的魯蛇？

——情感侏儒的女強人

「喂喂喂，我現在在做瑜珈，等等打給你喔。」Debby偷接起電話，又若無其事地繼續做瑜珈。

「誰啊？又有豔遇？」Amy用嘴角和她打pass，煞有其事地問。

「等等跟妳說，先上課啦！」Debby正在做拜日式，有點岔氣。

「呵，這次一定不會放過妳！」Amy總愛窮追猛打她的戀情。

沖澡時，Amy又不經意地問了起來：「誰啊？妳去哪裡又找到男人啊？」

「還能有誰，Martin啦！」Debby邊吹頭髮，邊在淋浴間大聲地回Amy。

「是他？之前對妳超沒良心的那個喔？」

「出來講，不要喊這麼大聲！」Debby有點困窘，外面很多人在看她，她只得裝作若無其事的樣子，繼續吹頭髮。

「他上次不是把妳的東西丟在路邊？」離開瑜珈教室後，Amy不斷追問，這一回，Debby超想立刻回家。

「打完妳還跪著求饒，很像在演八點檔的那次，妳記得嗎？」Amy不死心，繼續問。

「妳也不想想，只是交往而已，就這樣對妳，唉……」她們一起去牽車，Amy講個不停。

「我認爲妳太好講話了，如果是我早就把他fire了，他到底有什麼魅力啊？」

「妳不要管啦！」這一回，Debby只能苦哈哈地笑著，應付朋友的調侃和疑惑。

Debby本就是個不婚不生族，遇到男人就把話說清楚，從來不眷戀，可是這一回卻意外地被這渣男纏上，莫名地對他很執著，她和上一任男友原本已經要一同步入禮堂了，卻在婚禮前夕發現他和別的女人有了孩子，於是男友便取消婚約，趕赴當爸爸去了，而她也因此自暴自棄，中間幾段戀情還當了人家的第三者，爾後，在健身房遇到了現任男友Martin，他當時也表明自己是不婚不生族，兩人一拍即合，交往得火熱。

但事後輾轉知道他有過一段婚姻，還有一個女兒，妻小現在都在美國，他還必須每個月要定期支付贍養費。

她對Martin非常依賴，即便已是職場犀利女強人，但面對愛情也有暈船和無腦的時刻。交往之初，Martin有些情緒的問題，生活能力不太好，喜歡看政治節目，批判時事，閒暇之餘就是選擇投資、出國旅遊。

這些問題，姐妹們都講過，她卻執迷不悟，一而再再而三地給他機會。她認爲Martin很了解她，是值得依賴的對象，因此，她不顧姐妹們反對，不斷地退讓底線，甚至後來讓Martin住進家裡，無條件養他。

一個職場女強人卻變成感情侏儒，是有原因的。

她來自一個充滿言語暴力的家庭，當她十五歲憂鬱症發作時，媽媽陪她去看醫生，一邊叨念說很丟臉，臉都被她丟光了。

她以自己爲恥，更覺得發病這件事情在她意料之外，直到長大一點，才發現媽媽的言語虐待對她產生多深厚的影響。媽媽常在情緒不穩的情況下，嫌她字寫得不好看，或者在她考差的時候，被媽媽抓著頭去撞牆。說她只是個廢物，浪費家裡的錢、食物和日用品，要她趁早離開這個家，趕快去找個長期飯票。

她知道媽媽的學歷低，找不到穩定的工作，加上當時生下她，被家人趕出家門，經濟也陷入困境，只能靠社會局補助。但這些都讓她不能理解，既然養不起小孩，爲何當初又要生下她當出氣筒？

當她跟媽媽吵架，就是她理虧，就是她不孝，她永遠無法責怪媽媽，畢竟是媽媽給她生命的，但更加痛苦的是相處時的心累和辛酸。所有親友都會覺得她不知足，總是跟媽媽爭論，也不斷指責她不懂事，不懂大人的辛苦。她受夠這種對待，發病的同時好不容易有機會可以休息，可以什麼都不管，直到媽媽也被要求去做心理諮商，對待她的方式才稍微好轉。所以她堅持不婚不生，且要很有成就，否則就會淪落與媽媽同樣的人生。

Martin是她的救世主，畢竟，在這些年的情感沉淪中他最懂她，就像前天……

「我跟我媽吵架，她就是固執講不聽，讓我很火！」她跟Martin抱怨著。

「好啦！我們不要跟媽媽吵架啦！媽媽也是爲妳好，等我們有自己的家，就不用再氣了啊！」

「好，你答應我的喔，要有我們的家喔。」

「沒問題。」

每一句沒問題，都是她的美夢，彷彿夢已實現，她認爲Martin完全懂得她雖然懼怕媽媽，卻也想滿足媽媽控制欲望的心境，她不是眞的要詆毀媽媽，畢竟她也依賴媽媽的庇護，所以她跟Martin抱怨，只是希望男友能夠理解她愛媽媽，只是不甘心媽媽的固執，還有每次吵起來最後的結論都是「媽媽永遠覺得她是廢物，認爲她無能」，即便她現在在職場的表現已經很亮眼，在家中她依然只能盡量展現忍讓聽話。對於媽媽的詆毀與汙衊，她一點抵抗力都沒有，所以她需要男友的安慰，給予她心靈的停泊和依靠，這樣的倚賴讓她完全無法認清現實，男友就是「靠她、吃她用她，甚至是打罵她，情緒管控有問題的魯蛇」。

給心情一個歇腳亭

在個人進入投射和認同的習慣性動作中，本意是想「引發或誘發對方陷入預期的互動」，這樣做的用意本來是「想要更親近、表達愛和默契、害怕超出意料之外的焦慮」，所以誘發對方以某種可預測的方式回應，好讓關係繼續。

這些習慣性的動作和預期，最初的本意是想「隔絕焦慮，增加親近、增加安全感，以便表示彼此有默契」。過度使用的時候，卻換來我們不認識真正的對方的隔閡和風險！

獨立是「壞」事嗎？

對於依賴成性的人來說，最深的害怕是「怕被別人認識真正的自己，就不被愛了，所以偽裝成他期望的樣子」，以確保關係存在，我們來檢視心中恐懼的小劇場，到底如何影響著我們不去認識自己：

心中恐懼小劇場現身的幾種說法：

你是否有過以下想法——

□如果他認識真正的我，一定會不喜歡我了。

□如果我講出真心話，一定會被討厭。

□如果我覺得自己夠重要，一定會對別人造成傷害。
□如果我開始為自己想，那就是自私。
□如果我提出要求，一定會被忽略或無視。
□如果我太有意見，就會被排斥。
□如果我擁有能力，就會招致不幸。
□如果我不再依賴，就會失去關係。
□我不能堂而皇之地彰顯自己的成就感。
□我不能表現出很享受的樣子。
□我不能表現出很得意的樣子。
□我不能因為被欣賞而高興。
□其他＿＿＿＿＿＿＿＿

接著，試著代入式地問自己以下幾個問題：

好奇式問句「當你……你就是……嗎？」「一旦……你就……了嗎？」

□當你拒絕別人的時候，你就是個自私的人嗎？

□一旦你開始獨立了，一定會傷到其他的人嗎？
□一旦你超越了身邊的人，就會發生不好的事嗎？
□一旦你有自己的意見了，就一定會有衝突嗎？
□當你有自己的想法了，就一定會讓身邊的人不高興嗎？
□當你與別人不同的時候，一定會帶來焦慮嗎？
□當你想收回好意的時候，就是個不好的人嗎？
□當你已經無法負荷時，是誰說你不能休息？
□是誰說一定要把自己壓縮得小小的才好？
□其他＿＿＿＿＿＿＿＿

我們對話，但不一定會衝突，因為只是同溫層裡的人，碰上不同溫層裡的人在彼此互動而已。

後記

在本書付梓之時，首先想說的是，好感謝我的先生和家人們成為後盾，默默支持著我的理念和一顆想分享的心，也謝謝出版社合力出版這本書。

我想，無論在諮商工作、個人成長、家庭經營，我都正在運用所學，除了生活中實踐，更想分享給更多的人。

這條自我成長之路，我們是同路人，你我一起同行。

我們不要在被過去刺傷，對自己誠實，是道陽光，刺眼但活得閃亮。

Eurasian Publishing Group
圓神出版事業機構
用心與你對話．視野無限寬廣
圓神出版社
Eurasian Press

www.booklife.com.tw reader@mail.eurasian.com.tw

圓神文叢 273

當最親的人成為傷痕

作　　者／黃之盈
發 行 人／簡志忠
出 版 者／圓神出版社有限公司
地　　址／台北市南京東路四段50號6樓之1
電　　話／（02）2579-6600・2579-8800・2570-3939
傳　　真／（02）2579-0338・2577-3220・2570-3636
總 編 輯／陳秋月
主　　編／吳靜怡
專案企畫／尉遲佩文
責任編輯／歐玟秀
校　　對／歐玟秀・林振宏
美術編輯／金益健
行銷企畫／詹怡慧
印務統籌／劉鳳剛・高榮祥
監　　印／高榮祥
排　　版／杜易蓉
經 銷 商／叩應股份有限公司
郵撥帳號／ 18707239
法律顧問／圓神出版事業機構法律顧問　蕭雄淋律師
印　　刷／祥峰印刷廠
2020年5月　初版

定價 320 元　ISBN 978-986-133-716-6

我們都一樣，憑藉父母的血脈，
借了一身脆弱的骨頭，奮力來到這世上。
無論遇上多少風雨，各自活出千百種的故事。
我相信活著不是僥倖，反而是種註定，
在彼此交錯的命運中、爬滿遺憾與傷害的皮囊上，
依然可以淺淺寫下這些深邃刻痕背後的「愛的故事」。
也許過去的故事走成了現在的我們，
但現在的我們依然可以走向光亮的明天！
這門「修習愛的功課」未完待續，
在此之前我們可都別當人生的逃兵！

——《當最親的人成爲傷痕》

國家圖書館出版品預行編目資料

當最親的人成爲傷痕／黃之盈著. -- 初版.
-- 臺北市：圓神，2020.05
288 面；14.8×20.8 公分（圓神文叢 ；273）
ISBN 978-986-133-716-6（平裝）

1. 人際關係　2. 人際傳播

177.3　　109003015